❧ **ENTREVISTAS COM OS ESPÍRITOS** ❧

11ª edição - Agosto de 2022

Coordenação editorial
Ronaldo A. Sperdutti

Projeto gráfico e editoração
Juliana Mollinari

Capa
Juliana Mollinari

Imagens da capa
Shutterstock

Assistente editorial
Ana Maria Rael Gambarini

Revisão
Alessandra Miranda de Sá
Ana Maria Rael Gambarini

Impressão
Lis Gráfica

Direitos autorais reservados. É proibida a reprodução total ou parcial, de qualquer forma ou por qualquer meio, salvo com autorização da Editora. (Lei nº 9.610, de 19 de fevereiro de 1998)

Traduções somente com autorização por escrito da Editora.

© 2022 by Boa Nova Editora.

Av. Porto Ferreira, 1031 | Parque Iracema
CEP 15809-020 | Catanduva-SP
17 3531.4444

www.**petit**.com.br | petit@petit.com.br
www.**boanova**.net | boanova@boanova.net

Dados Internacionais de Catalogação na Publicação (CIP)
(Câmara Brasileira do Livro, SP, Brasil)

```
Carlos, Antônio (Espírito)
    Entrevistas com os espíritos / ditado pelo
espírito Antônio Carlos ; [psicografado por] Vera
Lúcia Marinzeck de Carvalho. -- 11. ed. -- Catanduva,
SP : Petit Editora, 2022.

    ISBN 978-65-5806-031-4

    1. Espiritismo 2. Mensagens 3. Obras psicografadas
I. Carvalho, Vera Lúcia Marinzeck de. II. Título.

22-124452                                    CDD-133.93
```

Índices para catálogo sistemático:

1. Mensagens psicografadas : Espiritismo   133.93

Cibele Maria Dias - Bibliotecária - CRB-8/9427

Impresso no Brasil – Printed in Brazil
11-8-22-3.000-40.600

Prezado(a) leitor(a),
Caso encontre neste livro alguma parte que acredita que vai interessar ou mesmo ajudar outras pessoas e decida distribuí-la por meio da internet ou outro meio, nunca deixe de mencionar a fonte, pois assim estará preservando os direitos do autor e, consequentemente, contribuindo para uma ótima divulgação do livro.

VERA LÚCIA MARINZECK DE CARVALHO

Ditado pelo Espírito
ANTÔNIO CARLOS

ENTREVISTAS COM OS ESPÍRITOS

OBRAS PSICOGRAFADAS
PELA MÉDIUM
VERA LÚCIA MARINZECK DE CARVALHO

Pelo espírito de Patrícia
- Violetas na janela
- Vivendo no mundo dos espíritos
- A casa do escritor
- O voo da gaivota

Com parceria de Luis Hu Rivas e Ala Mitchell
- Violetinhas na janela
- Violetas e a turma da Mônica

Pelo espírito de Jussara
- Cabocla
- Sonhos de liberdade

Pelo espírito de Rosângela
- Aborrecente não, sou adolescente
- Nós os jovens
- Ser ou não ser adulto
- O difícil caminho das drogas
- Flores de Maria

Infantil
- O pedacinho azul do céu
- O sonho de Patrícia
- O diário de Luizinho
- A aventura de Rafael
- O velho do livro

Autores diversos
- O que encontrei do outro lado da vida
- Histórias maravilhosas da espiritualidade
- Valeu a pena
- Em missão de socorro

Feito por respostas de cartas pela Vera
- Conforto espiritual 1
- Conforto espiritual 2

Pelo espírito de Antônio Carlos com espíritos diversos
- Deficiente mental! Por que fui um?
- Morri! E agora?
- Ah, se eu pudesse voltar no tempo
- Entrevista com os espíritos
- Somente uma lembrança
- Flores para a alma
- Se não fosse assim... como seria?

Com parceria de João Duarte de Castro
- Rosana, a terceira vítima fatal

Pelo espírito de Antônio Carlos
- Reconciliação
- Cativos e libertos
- Copos que andam
- Filho adotivo
- Muitos são os chamados
- Reparando erros de vidas passadas
- Palco das encarnações
- Escravo Bernardino
- A mansão da pedra torta
- O rochedo dos amantes
- Reflexo do passado
- Véu do passado
- Aqueles que amam
- Novamente juntos
- A casa do penhasco
- O mistério do sobrado

- Amai os inimigos
- O último jantar
- O jardim das rosas
- O sonâmbulo
- Sejamos felizes
- Por que comigo?
- O céu pode esperar
- A gruta das orquídeas
- O castelo dos sonhos
- O ateu
- O enigma da fazenda
- O cravo na lapela
- A casa do bosque
- Um novo recomeço
- O caminho de urze
- A órfã número sete
- A intrusa
- A senhora do solar
- Na sombra da montanha
- O caminho das estrelas
- O escravo – da África para a senzala
- O morro dos ventos
- Histórias do passado
- Meu pé de jabuticaba
- O que eles perderam
- Quando o passado nos alerta
- Retalhos
- A história de cada um
- Tudo passa

Repórter é aquele que noticia, divulga os acontecimentos, adquire informações sobre determinados assuntos para depois transmiti-los.

Para conhecer uma história por completo, saber como os acontecimentos realmente se sucederam, o melhor é escutar todos os envolvidos para chegar aos fatos, à verdade.

Ouvir com atenção e paciência o que o outro diz – nosso próximo que, no momento da conversação, é realmente o mais próximo – é uma oportunidade de auxílio. E quando ajudamos alguém a solucionar seus problemas, normalmente resolvemos os nossos.

Gosto de prosear e foi num diálogo que surgiu a ideia de registrar algumas conversas. E se você, leitor amigo, estiver em alguma situação mais complicada, talvez encontre a resposta para seus conflitos nestas páginas. Mas, se não encontrar, converse, escute alguém que sofre e tente orientá-lo. Aí, com certeza, encontrará a solução para suas dificuldades. Porque é ajudando que somos ajudados!

Abraços fraternos.
Antônio Carlos

SUMÁRIO

Capítulo 1 – Obsessão 13

Capítulo 2 – Obsediado 31

Capítulo 3 – Juntas: obsessora e obsediada 41

Capítulo 4 – Mal de Alzheimer 55

Capítulo 5 – Assassinados 69

Capítulo 6 – Homicidas.. 83

Capítulo 7 – Eloquência 101

Capítulo 8 – Toxicomania 115

Capítulo 9 – Ignorando 131

Capítulo 10 – Aprendendo a ser útil 141

Capítulo 11 – O uso indevido da mediunidade 151

Capítulo 12 – Aproveitando uma oportunidade 169

Capítulo 13 – Os que se denominam maldosos 181

Capítulo 14 – Os que querem aprender para serem bons 201

Capítulo 15 – Aqueles que devemos seguir como exemplos ... 213

CAPÍTULO 1

OBSESSÃO

Obsessão é a ação normalmente persistente de uma pessoa sobre outra, estando encarnada ou desencarnada.

Zefo recebeu orientação numa sessão de desobsessão, durante a reunião de um grupo em um centro espírita. Uma jovem, sofrendo com a obsessão, pediu ajuda. Zefo, na outra encarnação, amou essa moça. Ela voltou a reencarnar, ele não. Levou anos a procurando e, quando a encontrou, resolveu tê-la para si fazendo com que tivesse medo de tudo. Médicos diagnosticaram sua condição como pânico. Alerto que esta jovem estava sendo obsediada e tinha sintomas da enfermidade, não estava doente, mas, se a obsessão continuasse, com certeza ficaria enferma, seu físico seria atingido. Pelas obsessões, pode-se adoecer fisicamente. O obsessor, tentando impedi-la de sair, atingia seu objetivo: a garota não se envolveria amorosamente com ninguém.

Ele falou pouco durante o tempo em que ficou no centro espírita e, quando se aproximou de uma médium para conversar com o doutrinador do Plano Físico, disse que odiava a garota e queria se vingar. Aconselhado a perdoar e oferecido um abrigo, concordou, após uns minutos de conversa. O trabalho de orientação terminou, e Zefo pediu para conversar comigo. Aí houve a entrevista.

— *Ela reencarnou, esqueceu o passado, quis recomeçar, refazer sua vida. Por que não seguiu seu exemplo?*

— *Não consigo e nem quero esquecê-la* — respondeu Zefo. — *Penso em seguir minha vida somente depois de me vingar. Ela sempre teve nomes pomposos, e eu sou somente Zefo. Essa mulher me maltratou, brincou comigo, com meus sentimentos.*

— *Você tem certeza de que quer se vingar? Fazê-la sofrer? Ou...*

— *O senhor sabe a resposta?* — perguntou Zefo me olhando.

— *Deduzo somente* — respondi. — *Trabalho há muitos anos tentando ajudar os seres humanos, meus irmãos, e aprendi a conhecê-los. Você a ama mais do que odeia.*

Zefo chorou. Esperei em silêncio, olhando-o com carinho.

— *Você não vai me pedir para não chorar?* — perguntou Zefo.

— *Lágrimas nos dão alívio. Você sofre!* — afirmei.

— *Não acha justo essa jovem sofrer?*

— *Zefo, somente sabemos da história toda quando ouvimos as partes envolvidas. Conte-me o que aconteceu* — pedi.

— *O senhor sabe que não tenho intenção de ficar aqui, não é? Na primeira oportunidade, saio, como já fiz outras vezes. O que escutei esta noite é bonito, me comoveu, mas tenho a minha história e vou contá-la, se quer ouvi-la. Quando nasci, já existia a Lei do Ventre Livre. Não fez diferença para mim: meus pais eram escravos e fui criado como um. No sertão, longe das cidades, a lei era dos senhores das fazendas. Morávamos em senzalas ou em pequenas casinhas, e havia até castigos. O dono da fazenda em que morava ficou viúvo, os dois filhos homens foram embora para a cidade e as duas filhas se casaram. Ele viajou e voltou casado com uma jovem. Quando a vi, apaixonei-me e procurava vê-la escondido. Ela teve o primeiro filho. Sentia que a Sinhá era infeliz morando naquela fazenda isolada com um esposo mais velho. Numa viagem que o marido dela fez, eu fiquei encarregado de vigiar a casa e tive a oportunidade de conversar com a sinhazinha. Eu não tinha instrução, não sabia ler nem escrever, falava errado, mas a senhora pareceu não notar. Fiquei perdidamente enamorado e ela se envolveu comigo, dizia me amar e nos tornamos amantes. Quando o marido voltou da viagem, ficou mais difícil nos encontrarmos, mas dávamos um jeito. Ela ficou grávida, teve o segundo filho. O fazendeiro viajava sempre, ia a negócios ou visitar os filhos e aí nos víamos mais. Ela ficou grávida novamente. Depois que teve esse filho, enjoou de mim. O marido falava em se mudar para a cidade. Ela deve ter se entusiasmado com a mudança e, querendo terminar nossa relação, o fez da pior maneira possível. Contratou três homens, bandidos que faziam trabalhos para os senhores, como matar, sequestrar, surrar, etc. Pegaram-me, levaram-me para um local isolado, amarraram-me e me deram o recado: não deveria nunca ter olhado para uma sinhá e que seria morto. Disseram ainda que havia sido a senhora quem os havia contratado porque era uma mulher honrada. Chicotearam-me e, para morrer com dores, deixaram-me amarrado e muito machucado. Desencarnei dois dias depois, com muita sede, formigas me comendo, sentindo dores alucinantes e revoltadíssimo. Meu corpo físico morreu, continuei com ódio e me perturbei. Dois caçadores, passando por onde estava, enterraram meu corpo carnal, e* um grupo de espíritos, quase todos ex-escravos, me levaram para o umbral e cuidaram de mim. Fiquei anos perturbado. Quando entendi que havia desencarnado, esforcei-me para ficar bem. Sentindo-me refeito, voltei à fazenda. Mas os anos tinham passado, o fazendeiro havia desencarnado. Soube que seus inimigos, eram muitos, o tinham levado para o umbral e que a senhora também havia voltado para o Além. Quem me informou disse achar que os bons espíritos a haviam levado. Perguntei muito e não a encontrei. No umbral, aprendi muitas coisas; trocando favores, aprendi a ler, escrever, cursei a escola de vingadores e, prestando serviços para receber outros, acabei por encontrá-la. E você acha que irei simplesmente deixá-la depois de tantos anos de procura?

— Você a ama! — exclamei.

— Amei, agora quero ensiná-la a respeitar os sentimentos alheios.

— Você sabe a história dela? Escutou sua versão? — perguntei.

— Agora ela esqueceu. Se pudesse escutá-la, iria mentir como sempre fez — lamentou Zefo.

— Como você se sente vivendo a vida de outra pessoa?

— Não entendi sua pergunta. Estou vivendo a minha vida, faço o que quero — Zefo se alterou.

— Neste tempo em que estudou no umbral, deve ter aprendido e visto que nossas ações têm reações.

— Você está querendo me dizer que ajo errado e receberei o sofrimento como resposta? Essa moça me fez sofrer e deve ser castigada.

— Sua desencarnação dolorosa pode ter sido uma reação por atos indevidos. Já pensou nisso? Ter nascido naquela fazenda, tido pais escravos e vivido como um, ter sido torturado, sofrido por amor...

— Por amor, não! Sofri pela traição, é diferente! — Zefo me interrompeu.

— *Não traíram o marido?* — perguntei.

— *O senhor faz perguntas indiscretas. O marido merecia ser traído.*

— *Será que ele pensava assim? Que merecia?* — Como Zefo não me respondeu, continuei a questionar: — *Você sabe de seu passado? O que aconteceu em sua existência anterior? Lembra-se?*

— *Não me interesso* — Zefo respondeu se aborrecendo.

— *Não mesmo? Você lembra, não é?*

— *Está bem, me recordo. Fui o avô deste marido. Homem rico, dono de escravos e agi muito errado. Mas isso não tem nada a ver com este caso. É da traição que me vingo.*

— *Vamos analisar a situação* — pedi. — *Você a conheceu já casada ao chegar à fazenda. Você sabe o porquê de sua amada ter se casado com este homem?*

— *Nos poucos momentos em que podíamos ficar juntos, preferíamos falar de nós. Ela me disse ter sido obrigada a se casar* — contou Zefo.

— *Você já veio aqui, nesta casa espírita, outras vezes. Pedimos-lhe para perdoar e se afastar desta jovem. Não nos atendeu. De fato, esta moça esqueceu de você ao reencarnar e é bom que não recorde. Porém, fui me informar o que de fato aconteceu com vocês dois. Quer saber o que descobri?*

— *Não fará diferença* — disse Zefo, tentando ficar indiferente.

— *Sua amada tinha dezesseis anos* — contei — *quando seu genitor se arruinou com dívidas. Este fazendeiro pagou as dívidas do pai dela em troca de recebê-la por esposa. Casou, mas nunca gostou do marido. A vida dela mudou muito, e para pior, estava longe da família, sentindo-se uma mercadoria, vindo morar numa fazenda isolada. Ela também, assim que o viu, apaixonou-se. Foi um reencontro do passado, vocês já estiveram juntos em outras reencarnações. Esqueceram, porém, que haviam prometido não se envolverem novamente, não trair* e resgatar erros para, no futuro, poderem ficar juntos sem a mácula das maldades cometidas. Amaram-se. Ela o amou. Ao ter o terceiro filho, este nasceu negro, era seu filho. O marido traído se enfureceu, bateu nela, depois pegou o recém-nascido pelos pés e ameaçou matá-lo com um facão se a esposa não contasse quem era o amante. Ela contou. Assim mesmo, o fazendeiro matou o neném na sua frente, cortou-o em pedaços. A coitada adoeceu, enlouqueceu e não conseguiu se recuperar, louca e presa dentro de casa, desencarnou cinco anos depois. O marido ficou doente e voltou para o Além meses depois. A filha dele levou os dois órfãos para seu lar e os criou. Sua amada, ao mudar de plano, foi socorrida e demorou a se recuperar, mas, quando se sentiu bem, tentou saber de você, não conseguiu vê-lo porque estava no umbral. Quis esquecer e pediu para reencarnar.

    Zefo me escutava atento, ficou emocionado, não ousou falar que eu mentia. Os acontecimentos estão escritos, marcados, o tempo não apaga. Sentiu ser aquela a verdade. Chorou.

    — Como lhe disse — voltei a esclarecê-lo —, devemos saber o porquê de o outro ter agido de determinada maneira. Você sofreu nestes anos todos que esteve vagando, por orgulho. Se não tivesse ficado revoltado, seu retorno ao Plano Espiritual teria sido diferente, não teria sido atraído para a zona umbralina, socorristas bondosos o teriam socorrido e logo teria conhecimento do que havia ocorrido. Odiou, sentiu-se traído sem ter sido. E, mesmo se isso tivesse de fato acontecido, como pensava, teria sido melhor perdoar e ter seguido sua vida, pensando em você.

    Zefo chorou alto. Quando se acalmou, ajoelhou-se diante de um quadro de Jesus orando no Jardim das Oliveiras, pediu perdão e clemência. Mais tranquilo, foi levado ao posto de socorro.

Três semanas depois, encontrei-me com Zefo. Ele havia voltado para perto da moça encarnada e a equipe de socorristas do centro espírita fora buscá-lo.

— *Por quê?* — perguntei, simplesmente, ao vê-lo.

— *Não consigo ficar longe dela* — Zefo respondeu com sinceridade.

— *Você quer reencarnar?*

— *Só se for para ficar perto do meu amor.*

— *Como filho?*

— *Ela me amará! Quero!* — exclamou Zefo, esperançoso.

Essa moça foi consultada. Com ajuda da equipe dos trabalhadores do Plano Espiritual, afastamos seu espírito enquanto ela dormia e foi lhe indagado se queria ser mãe, receber um ser que gostava como seu rebento. Ela o amara muito por três encarnações e aceitou contente. Foram feitos os preparativos. A jovem, ex-obsediada, quis ser mãe e, de um relacionamento, engravidou e Zefo reencarnou. O amor continuará, porém, de outra maneira, fraternal.

Não existem causas justificáveis para odiar, para querer se vingar, para obsediar. Mas são inúmeros os motivos para nos amarmos.

A equipe desencarnada laboriosa de um centro espírita ofereceu a Jin auxílio, abrigo, uma maneira digna de viver desencarnado. Ele resolveu, mais por curiosidade, aceitar somente o convite para conhecer o posto de socorro ligado à casa espírita e ver o que os trabalhadores do bem faziam lá dentro. Sabendo que ele obsediava uma pessoa, um adversário de tempos passados, fui conversar com ele, pedi para entrevistá-lo e expliquei os motivos:

— Quero organizar um trabalho por meio de perguntas e respostas para conhecer as várias maneiras de viver no Plano Espiritual tendo por reação atos cometidos, vividos quando encarnado. Sei que você está se vingando de alguém. Posso saber o motivo?

— *Pode* — respondeu ele.

Jin me olhou, sorrindo cinicamente. Respondeu à minha pergunta e silenciou, deliciando-se com sua resposta. Pedi:

— *Então, por favor, conte-me o motivo para tanta mágoa.*

— *Mágoa é pouco, é ódio mesmo* — afirmou Jin. — *A história é longa. Ele me maltratou e nem me pediu perdão; se pedisse, também não iria perdoá-lo. Nossa guerra particular vem de anos, séculos. O que ele me fez, naquela época, foi um absurdo! E, quando desencarnei, juntei-me a outros que foram também prejudicados por ele para castigá-lo, mas não conseguimos atingi-lo. Ele era protegido por um ser maligno, chefe daquele pedaço do umbral. Quando este meu desafeto veio para o Além, um espírito trevoso o levou para sua cidade e ainda nos maltratou. Trabalhadores de Cristo nos socorreram, tiraram de nós as marcas das torturas, nos ajudaram. Porém, nada é perfeito: pediram-nos para perdoar. Infelizmente, alguns fracos o perdoaram e foram para um abrigo. Não os vimos mais. Fiquei com sete companheiros na zona umbralina e aguardamos. Nosso ódio aumentou e entendemos que a vingança devia ser planejada sem pressa. A espera foi longa e anos se passaram. A cidade que abrigava nosso inimigo foi devastada por outro trevoso, mas não o encontramos, ele sumiu. Então, resolvemos, meus amigos e eu, reencarnar no mesmo lugar. Foi uma vida difícil, com ódio no coração, fui uma pessoa amarga. Nós, os sete, nos encontramos e nos tornamos amigos; cometemos juntos ações indevidas e fomos presos. Sofremos na prisão. Soltos, fomos nos juntar a um grupo de rebeldes. Ficamos bem durante um tempo. Fomos perseguidos por uma autoridade, um ser maldoso que, quando nos venceu, nos deu uma morte terrível. Novamente no Além, para minha surpresa, descobri que esta autoridade era o mesmo espírito do passado que havia nos torturado. Desta vez, assim que consegui entender que continuava vivendo no Plano Espiritual, quis me vingar. O grupo diminuía, éramos somente quatro. Nós o vigiávamos e ele desencarnou dois anos depois. Fomos todos para o umbral, porém ele nos enfrentava, lutava, revidava e não conseguimos nos vingar como desejávamos. Ele, esperto, pediu socorro, parece que se arrependeu, quis mudar a forma de viver e sumiu. Meus companheiros, cansados daquela vida, pediram auxílio aos bons e foram com eles. Fiquei vagando sozinho, procurando-o. E quem procura acha: encontrei-o reencarnado neste país e agora estou me vingando. Tenho ou não tenho razão?*

Jin me olhou desafiador. Tranquilo, pedi:

— *Gostaria de conhecer sua vítima.*

— *Vítima? Vítima sou eu! Ele é o carrasco! Vou levá-lo para vê-lo.*

Volitamos, entramos numa casa simples de um bairro pobre. Vi o encarnado, um homem de trinta anos, magro, doente, confuso, e dois desencarnados ao seu lado, perturbando-o.

— *Aqui está ele!* — mostrou Jin. — *Gosta do que vê?*

— *Não* — respondi —, *não estou gostando. Boa tarde!* — cumprimentei os dois espíritos.

Eles responderam, observando-me, e um deles perguntou a Jin:

— *Quem é ele?*

— *Um boboca dos iluminados.* — Riu, me olhou e completou: — *Ele é um trabalhador do bem. Pediu-me para responder algumas perguntas e eu vim lhe mostrar esta peste!* – referiu-se ao obsediado.

– *São seus ajudantes?* – perguntei, dirigindo meu olhar aos dois.

– *São meus amigos* – respondeu Jin. – *Estão aqui para aprender comigo como se vingar de quem odiamos.*

– *Vocês o odeiam?* – perguntei aos dois.

– *A entrevista não é comigo?* – indagou Jin.

– *Certamente* – respondi. – *Quero saber por curiosidade.*

– *Odiamos!* – exclamaram eles juntos.

– *Por quê?* – insisti.

– *Ele fez maldades a Jin* – respondeu um deles.

– *Vocês não cometeram nenhuma maldade? Nunca agiram errado?* – perguntei. Os dois não me responderam, então continuei: – *Se não fizeram, estão fazendo agora! Ninguém tem autoridade para castigar alguém. Nossos atos nos pertencem e vocês serão responsáveis por estas ações.*

– *E ele, que fez a maldade, como fica?* – tentou justificar um deles.

– *Estão seguindo o exemplo dele? Acham que maltratando o estão fazendo pagar? E se alguém pensar isto de vocês, como será?*

– *É melhor voltarmos ao posto* – sugeriu Jin. – *Já viu a coisa, este homem.*

Volitamos, nos acomodamos novamente nas poltronas da sala de recepção do posto de socorro. Jin me indagou:

– *O que achou dele?*

– *Sofrido* – respondi.

– *Sente dó?*

– *De todos vocês.*

– *Da gente?* – admirou Jin. – *Normalmente nós, os obsessores, somos alvos de outro tipo de sentimento. Por que você sente piedade de mim?*

– *Você maltratou e foi maltratado* – falei, e Jin sorriu satisfeito, pensando que iria concordar com ele. – *Pela Inquisição, julgou e torturou, depois foi julgado e torturado.*

Bastou querer ajudar Jin para ler em sua mente, nos seus arquivos de memória, os acontecimentos importantes de suas existências passadas. Ao falar na Inquisição, Jin se remexeu na poltrona, empalideceu, sentiu uma angustiosa inquietação. Fui falando devagar o que via.

– *Você foi uma pessoa importante dentro da Igreja. Prendeu famílias, condenou pessoas. Vejo-o descer para as masmorras, batendo os pés com força nas pedras da escada, suas vestes longas esbarram nas pedras. Numa cela, você estuprou duas mocinhas na frente do pai preso a correntes. Primeiro, ele o olhou suplicante; depois, com ódio. Muitos desencarnaram por sua ordem, a maioria o perdoou, como estas duas jovens inocentes. O pai até tentou perdoá-lo para ser socorrido. As filhas o ajudaram, e ele quis retornar ao Plano Físico, ser sacerdote e tentar acabar com a Inquisição. No começo de seu sacerdócio, até que tentou ser justo, mas, ao vê-lo preso, seu ódio aflorou. Descontou. Porém, Jin, ele, quando desencarnou sendo este pai, era inocente. Foi preso por cobiça e intriga. Mas você, não! Foi preso porque era um fora da lei, certamente não deveria ter sido tratado daquele modo. Quando foi julgado e torturado, você roubou a igreja e assassinou um padre. Na terceira vez que se encontrou com ele, você era um perigoso ladrão e assassino.*

Jin torcia as mãos, me olhava atento e permaneceu calado.

– *Por que odeia Jesus?* – perguntei.

– Por quê? Ora! – respondeu nervoso. – *Jesus me mandou torturar e matar. Se não mandou, permitiu. Sinto muita raiva Dele e de todas as religiões. É verdade tudo que falou. Sei fazer o que você fez. Leu minhas memórias, somente não tive como impedi-lo. Foi como padre que comecei odiá-Lo, mataria Jesus* e na Cruz, se isto me fosse possível. Odeio-O! E o que Ele fez? Nada! Nem liga para meu ódio.

– Jin – pedi –, não confunda Jesus com aqueles que deturpam seus ensinamentos. Jesus foi o ser mais evoluído que esteve entre nós, sua passagem pela Terra foi um ato de amor. Temos livre-arbítrio, que nos foi dado por Deus, nosso Criador, e não por Jesus, nosso irmão maior. Podemos fazer o que queremos, porém, nossos atos são de responsabilidade somente nossa. Você teve escolhas. Foi ser sacerdote porque quis e dentro da Igreja viu serem cometidos atos indevidos; se não estava bom para você, deveria ter saído, se afastado ou ficado do lado dos bons padres.

– Por que Jesus permitiu que eu fizesse maldades em Seu nome? – quis Jin saber.

– Ele não permitiu...

– Mas não impediu! – exclamou ele, sentido.

– Jesus não o forçou, não força ninguém a fazer o bem e não impede que se aja errado. Ele teve, como nós, o livre-arbítrio e o usou devidamente. É contra as Leis Divinas interferir na vontade de alguém. Existem, sim, aqueles que dão bons exemplos, conselhos e ajuda. Infelizmente, também existem outros que agem ao contrário. Escutamos e seguimos a quem queremos. Posso fazer um bem em seu nome, e você ou alguém, uma maldade no meu. Mas a ação é de quem a faz.

Jin ficou pensativo, não sabia como me responder; aproveitei sua desatenção e o adormeci. Nós o acomodamos num leito do posto de socorro, onde ficaria por quinze dias dormindo. O lugar é muito agradável, por muitas horas do dia, escuta-se música suave. A claridade existente é feita por luzes de tonalidades coloridas e suaves. Fui novamente visitar o obsediado. Encontrei-o tentando ler um livro, mas os dois desencarnados o impediam. Eles odiavam aquele encarnado, ódio sem motivo. Quando se está insatisfeito consigo mesmo é fácil não gostar de alguém. Eles escutaram a versão de Jin e julgavam ser certa a perseguição. Quando amamos a nós mesmos é mais fácil amar o próximo, mas, se não nos amamos, é bem difícil querer bem ao outro. Se está desgostoso consigo, em vez de se arrepender e sentir remorso, cria mágoas e coloca a culpa em outras pessoas, podendo descontar suas frustrações principalmente nos mais fracos. E uma maneira encontrada para julgar o outro é querer que o próximo seja pior que ele próprio.

Simplesmente os peguei. Os dois desencarnados sentiram um ligeiro torpor e, quando perceberam, estavam no posto de socorro do centro espírita. *"O que faço aqui? Como vim para cá?"*, é o que dizem. Realmente não sabem. Deixei-os hospedados numa ala onde ficariam até a próxima sessão de desobsessão, na qual seriam orientados. Normalmente, esses desencarnados que obsediam por motivos alheios, seja obrigados pelos obsessores-chefe, para obter favores, ou, como eles disseram, para aprender, alimentam-se da energia do obsediado. Quando recebem orientação, numa sessão de esclarecimento, quase todos entendem que o melhor é fazer o bem, afastam-se do obsediado e aceitam a ajuda oferecida.

O obsediado começou a sentir falta dos obsessores, tinha a sensação de que algo ruim iria acontecer e sentia a falta de alguém. Quando adormeceu, com carinho, afastei seu espírito revestido do perispírito do corpo adormecido. Levei-o ao centro espírita, ali recebeu passes e ouviu uma leitura do *Evangelho*. Depois, voltou para seu físico. Ao acordar, pela primeira vez, durante anos, telefonou para a irmã e disse que aceitava sua ajuda. Pediu, por favor, que o auxiliasse a ser internado. Queria fazer um tratamento. A culpa, o remorso e a troca de energia dele com os obsessores danificaram seu corpo físico. O médico terreno diagnosticou facilmente sua enfermidade. Na tarde do outro dia, foi internado num sanatório.

Jin, no prazo previsto, acordou e fui conversar com ele. Ao me ver, queixou-se:

— *Você aproveitou que eu estava pensativo e me adormeceu. Por quê?*

— *Para ajudar.*

— *Não a mim, certamente!*

— *Você também foi beneficiado* — afirmei. — *Está com bom aspecto, acordou revigorado. Seus dois companheiros foram socorridos, aceitaram nosso auxílio e quiseram mudar a forma de viver. O encarnado, sentindo-se doente, quis se tratar.*

— *Você acredita que ele possa fugir de mim?* — perguntou Jin, sorrindo.

— *Não! Porém, prefiro pensar que você irá querer modificar sua forma de agir.*

— *Enganou-se. Vou embora!*

Levantou-se e foi volitar. Porém, dentro do posto de socorro, volitam somente seus trabalhadores. Ele me olhou com raiva por não conseguir.

— *Venha por aqui, saia pela porta* — convidei-o.

Jin me acompanhou, sentindo raiva. Descemos a escada e abri a porta, ele foi para a rua e volitou. Acompanhei-o de longe sem que me visse ou percebesse, e ele foi para o lar de seu desafeto. Logo em seguida, foi para o sanatório. Porém, a entrada nesta instituição lhe foi vetada; ele, então, tentou influenciar seu desafeto de longe. Conseguiu muito pouco. Isso porque, naquele hospital, costumam orar, ler o *Evangelho*. Além disso, o encarnado estava recebendo remédios que o fortaleciam.

Achando que deveria conversar com Jin novamente, fui à sua procura; estava no lar daquele que considerava seu inimigo. A casa estava fechada para aqueles que vivem no plano material. Cumprimentei-o. Ele me olhou com raiva e me fez várias ameaças. Escutei-o, tranquilo. Uma das táticas usadas por espíritos que odeiam, isso para impressionar, é a ameaça. Chantageiam. Todos nós, estejamos no Plano Físico ou Espiritual, devemos ser cautelosos em nossos atos. A cautela deve ser para não fazer nada errado, maldades. Não devemos temer o mal que pode nos afetar externamente, mas, sim e muito, os atos que nos levam a ser maus, isto é, a agir com crueldade. Quando alguém está em desvantagem, sentindo perder o poder, o controle, quase sempre ameaça. Pelo meu olhar, Jin percebeu que sua atitude não havia dado resultado. Nunca temi intimidações. Quando um desencarnado como ele fala que irá se vingar, seu alvo deve saber que isso somente surtirá efeito se permitir, deixar e aceitar. Basta repelir, criar uma energia de tranquilidade e envolver o ameaçador. Não tema fazer o bem. A luz, queira ou não o trevoso, ilumina as trevas. Num trabalho do bem, nunca se está sozinho. E as ameaças não se concretizam. Mas o medo, a falta de confiança nas forças do bem, causa um mal, que é o da preocupação infundada. Passar medo faz com que aquele que o intimida se sinta poderoso. Tenho visto alguns desencarnados ameaçarem quem está fazendo o bem. Em sessões de desobsessão, isto é comum ocorrer. Intimidações vãs de alguém que, sem argumentos, tenta se safar e, muitas vezes, se notar que alguém sente medo, ri satisfeito. Quem age correto, faz o bem, não deve temer as ameaças.

— Ele não ficará no sanatório por muito tempo! — exclamou Jin, após uns minutos de silêncio.

— *Voltará diferente* — falei.

— Terei de recomeçar. É fácil trazer outros famintos, refiro-me aos que vagam por aí, para me ajudar. E se não encontrar, darei conta sozinho.

— *Todos nós queremos ser felizes* — afirmei. — *Ansiamos por ter paz, por estar bem. Por que você não tenta? Por que cisma em continuar sendo infeliz? Você assassinou pessoas. Onde estão elas? Você roubou de outras. E se todos que foram prejudicados por você quisessem se vingar?*

— Precisariam me enfrentar — respondeu Jin rapidamente. *— Não me venceriam fácil.*

— E se você estivesse encarnado?

— Não irei mais reencarnar. Não quero! — Jin gritou.

— Tem escolha? Temos nosso livre-arbítrio, que é uma das leis que nos regem. Mas temos outras: afinidade, ação e reação, reencarnação. Nosso perispírito é uma vestimenta que nosso espírito usa, e esta roupagem não é eterna como nosso espírito e...

— Ora, ora... — interrompeu Jin. *— Deverei reencarnar, mas isto é um problema para o futuro.*

— Numa desavença, um ofende e outro é ofendido e, se este não perdoa e revida, podemos comparar estas ações como uma roda que gira sempre. Alguém precisa, para sair deste giro que não leva a lugar nenhum, sair e voltar a caminhar em rumo reto. — Fiz uma pequena pausa. *— Leciono numa escola no Plano Espiritual para desencarnados inteligentes que, por vários motivos, perderam tempo numa roda ou se recusaram a caminhar para o progresso e...*

— Você está se referindo aos trevosos?

— Imprudentes — respondi. *— Convido você para conhecer esse lugar, essa escola. Talvez se interesse em fazer um dos nossos cursos.*

— Uma coisa de que não gosto é o ar de santinhos que fazem os bons. Olham-nos com piedade. Somente aceitei conversar com você porque não me olhou assim.

— Será que alguém gosta de seu olhar? — perguntei. *— Jin, não julgue para não ser julgado. Já pensou que é você quem os vê assim? Sente-se incomodado com eles por viverem de forma diferente.*

— *Você não fez a entrevista* — lembrou ele. — *Não começamos a conversar para me entrevistar? Para que mesmo?*

— Estudo — respondi. — Para entender por que alguém alimenta mágoas. Vou perguntar e, se você me responder, ficarei agradecido. O que sentia castigando seu antigo desafeto?

— *Alegria!* — Jin olhou-me nos olhos. — *Sou infeliz e queria que ele fosse também.*

— Não pensa em ser feliz?

— *Como? Com esta carga negativa que tenho?*

— Você tem objetivos? O que irá fazer quando ele desencarnar?

— *Ele, vivendo como está, será socorrido quando vier para o Além? Os bons o levarão?* — Jin quis saber.

— Isso provavelmente acontecerá. Você o fez sofrer, mas não o fez agir com maldade. Sofreu, sofre, está pagando com a dor suas ações indevidas.

— *Se isso ocorrer, não vou ter mais objetivo. Não sei o que irei fazer.*

— Será que você não sofre mais do que ele?

Ele respondeu afirmativamente com um suspiro, pensou por instantes e falou:

— *Poderei ir com você conhecer essa escola e...*

— Mais uma pergunta: Você gosta de alguém? Gostaria que enumerasse para mim as pessoas que ama e quem ama você.

— *Eu... não sei... Creio ter gostado de algumas pessoas, não lembro direito, não as vi mais. Eu amar? Não sei! Quem me ama? Meus pais, quando era pequeno, porque, depois, não sei.*

— Será, Jin, que não é tempo de viver de acordo para me responder essa pergunta, daqui a alguns anos, com segurança e com uma lista enorme? Gostaria que meu nome constasse na lista de quem o ama e na de quem é amado por você. Vamos conhecer a escola!

Jin foi e acabou ficando. Fez amigos, e aprende para se modificar. O ex-obsediado estava enfermo, melhorou, mas o mal cometido deixa marcas, e ele escolheu a dor como forma de pagá-las. Porém, está tranquilo, saiu do sanatório, foi trabalhar com sua irmã. Tornou-se religioso e resignado.

Enquanto o mal ainda for praticado e não se perdoar, haverá ofensores e ofendidos e ambos fadados ao sofrimento.

CAPÍTULO 2

OBSEDIADO

Obsediado é ser obsesso, atormentado, perseguido.

O obsediado é quase sempre vítima, no momento da obsessão, de uma vingança. Pode ter sido algoz anteriormente. Normalmente, sente remorso inconsciente e medo, que o fazem sentir complexos de inferioridade e culpa. É enfermo espiritual necessitado de tratamento e, na maioria dos casos, a enfermidade atinge o físico. Fluidos perniciosos normalmente saturam seu perispírito.

Marquei uma entrevista com duas pessoas que, encarnadas, foram obsediadas. Ambas moravam num posto de socorro. Uma estava ainda em recuperação, outra trabalhava na casa, aprendendo a ser útil.

Luzia e Marcelo me esperavam. Cumprimentamo-nos.

— *O objetivo desta nossa conversa* — expliquei — *é saber como foi ser obsediado. Poderiam falar um pouquinho sobre essa experiência?*

— *Foi um período difícil* – contou Marcelo. – *Achava minha vida complicada, nada parecia dar certo ou ser como queria. Minha mãe era religiosa, orava muito e me sentia protegido ao seu lado. Quando ela desencarnou, sofri muito, me desesperei e me revoltei. Nessa época, estava casado e muito infeliz no casamento, tinha dois filhos. Comecei a beber e fazia isso à noite, depois que saía do trabalho. Minha mulher se apaixonou por outro e nos separamos. Passei a escutar vozes, sentia-me perseguido e tinha muito medo. Foram fracassos e mais fracassos. Meus dois filhos gostavam mais do padrasto do que de mim. Para não ficar sozinho, arrumei como companhia mulheres confusas, como eu, que me exploraram. Consultei médicos, parei de beber. Continuei a ouvir as vozes, que me pediam para me matar. Mas isso eu não queria fazer. Acreditava no Inferno e o temia, mais do que temia aquelas vozes. Resolvi seguir uma religião e fui num templo. No começo, não gostei, mas depois de dois meses conheci uma mulher e namoramos. Fomos morar juntos e ela se tornou minha companheira. Indo juntos ao templo e ela me explicando os ensinamentos de Jesus, gostei de ser religioso. Então melhorei. Com o modo de viver regrado, orando, lendo e estudando a Bíblia, as vozes foram escasseando e eu passei a ouvi-las raramente, até que não as ouvi mais. Aproximei-me dos meus filhos, ficamos amigos, fiz novas amizades. Tudo estava bem comigo quando fiquei enfermo por dois anos, sofri muito e desencarnei tranquilo.*

— *Eu* — disse Luzia — *era considerada estranha desde pequena. Sentia muito medo, não dormia sozinha e somente o fazia com a luz acesa. Tinha a certeza de que alguém me queria mal e me castigaria. Não gostava das pessoas; desconfiada, achava que todos queriam me prejudicar. Como me sentia perseguida e não sabia por quem, acabava culpando alguém que estava perto de mim. Era intolerante, nervosa, crítica e ninguém gostava de mim. Não tive amigos. A família me via como uma pessoa difícil. Quis namorar, mas, por mais que tentasse agradar, logo no primeiro desentendimento afastava os pretendentes. Uma vez namorei mais firme. Numa noite, fomos a uma festa, bebi um pouco e, ao voltar para casa, fiz um escândalo. Lembro que falei coisas horríveis e agredi o rapaz. No outro dia, meu namorado me mandou um recado de que não queria mais me ver. Sofri porque o amava. Minha mãe me aconselhou a ir procurá-lo e foi comigo na casa dele. Este moço me recebeu com medo no olhar, estava com o rosto e pescoço arranhados. "Foi você que me fez isto", disse, me acusando. "Mordeu meus braços. Olha minha mão como está ferida! Você parecia o demônio. É melhor se tratar. Por favor, não volte a falar comigo. Nosso namoro acabou." Saiu da sala. Eu queria falar mais com ele, me desculpar, mas sua mãe pediu para sairmos. Meu ex-namorado passou a fugir de mim, não queria nem me ver. Minha mãe, depois desse fato, me levou para benzer, e o senhor que atendia a todos com carinho me aconselhou: "Menina, você é perseguida por um espírito que quer vingança. Precisa fazer caridade e aprender a lidar com este fenômeno que possui. Você é médium e seria bom a você fazer o bem com a mediunidade. Procure um centro espírita". Respondi rudemente para aquele senhor. Exigi auxílio. Como benzedor, não havia se proposto a benzer? A resolver os problemas dos outros? Tinha então de me tirar aquele mal. E não queria ajudar ninguém, queria ser ajudada! Com paciência, o senhor me explicou que não tinha como me auxiliar porque cada um tem de fazer o que lhe compete e, infelizmente, não tinha como me livrar daquela obsessão. Nervosa, em vez de agradecer, fui indelicada. Ao saber que um espírito me perseguia, me voltei com ódio contra ele. Cheguei a ir duas vezes num centro espírita, mas depois não fui mais. E, por tudo de ruim que me acontecia, xingava aquele desencarnado que me perseguia. Sonhava muito que lutava com alguém e maldizia, falava coisas terríveis. Uma vez, aconselhada a pedir perdão, indignei-me. Era eu que tinha de perdoar e não queria. Meus pais morreram, fiquei sozinha, meus irmãos se esforçavam para me tolerar, e os sobrinhos não gostavam de mim. Continuei morando na casa que fora dos meus genitores e recebia uma pensão de meu pai. Meus irmãos me auxiliavam financeiramente porque não trabalhava. Até que tentei arrumar empregos, mas, como não estudei, somente conseguia ocupações consideradas por mim simples demais e pelas quais ganharia pouco. Doente, sempre muito nervosa e sozinha, foi que comecei a entender que eu era intolerável. Voltei ao centro espírita, desta vez entendendo que necessitava de auxílio. Lá, conversava com as pessoas e fui aconselhada a pedir perdão e perdoar. Era difícil. Mas, assistindo palestras, lendo livros, consegui entender a vida ao saber da reencarnação e da Lei de Causa e Efeito. Foi depois de um ano frequentando a casa espírita que resolvi, com sinceridade, pedir perdão e perdoar. Mas era uma pessoa difícil para conviver; mesmo tentando melhorar, não era agradável. Tive uma enfermidade que me fez sentir muitas dores. E tive recaídas, xingava aquele espírito e todos à minha volta. Desencarnei, o grupo espírita me ajudou muito: os encarnados, com orações e incentivos; os trabalhadores espirituais me socorreram e me trouxeram para cá.*

— Como foram suas desencarnações? — perguntei aos dois.

— Foi uma surpresa! — exclamou Luzia. *— Estava internada no hospital, sentindo estar muito mal. Numa tarde melhorei, recebi visitas e conversei. O grupo espírita fez o Evangelho,*

senti-me animada e dormi, ou desencarnei. Quando acordei, sem o soro e num local diferente, senti medo, desconfiei, indaguei e soube que mudara de plano.

— Também não senti — respondeu Marcelo —, vi, ou percebi, que meu corpo físico havia parado suas funções. Senti muito medo quando me explicaram que havia mudado de plano. Embora nesta minha última existência não tenha sido maldoso e até tenha feito, nos últimos anos, muitas caridades, sentia no íntimo que agira errado. Vim para cá, aceitei minha partida, procurei me adaptar e quero fazer o bem.

— Souberam o porquê de terem sido obsediados? — perguntei.

— Como não saber? — falou Luzia. — Encarnada, confrontando-me sempre com aquele que me odiava e que eu detestava, dizíamos tudo de errado que um fizera ao outro. Nenhum de nós dois tinha razão. Penso agora que obsessor e obsediado vibram na mesma sintonia. Não é isto? — indagou-me.

— "Atire a primeira pedra quem não pecou", disse, em certa ocasião, Jesus, ao evitar que uma mulher fosse apedrejada. Podemos não cometer um determinado erro, mas infelizmente ainda fazemos outros. Ao caminhar para o progresso, pode-se tropeçar. Não devemos cobrar perfeição dos outros, mas, sim, tentar melhorar. Não devemos cometer maldades, mas, se falharmos em nosso propósito de não errar, devemos nos desculpar, reparar e não cometer novamente o mesmo erro. E, se formos alvo da maldade, procurar entender e perdoar. Se agir errado, não se arrepender, não se desculpar e, se o atingido não perdoar, é desavença na certa. Não existe obsessão se um dos envolvidos estiver aprendendo a amar. Normalmente, numa obsessão, os participantes desse processo sintonizam na mesma onda de rancor e ódio.

— Se pedir perdão e não for perdoado, a obsessão continua? — perguntou Luzia. — Meu obsessor demorou a me perdoar.

— Quando pedimos perdão com sinceridade, com a certeza de que não iríamos fazer aquela maldade de novo e que, se

pudéssemos, faríamos o bem ao antigo desafeto, saímos da sintonia dele e não somos mais atingidos. E, se aprendemos a amá-lo, passamos a enviar para ele energias salutares. A luz acaba com as trevas, o amor anula os erros.

— Entendi! — exclamou Luzia. — Eu pedi perdão para me livrar dele. Confesso que não consigo querê-lo bem. Você me perguntou se lembrava como começou a desavença. Recordo-me, sim. Na minha penúltima encarnação, era uma jovem ambiciosa. Vivia no luxo, quando meu pai perdeu toda a fortuna. Planejei me casar com alguém rico e o fiz. O escolhido era um homem velho, viúvo com cinco filhos. A primeira providência que tomei depois de casada foi não ser mãe. A segunda, me livrar dos enteados. Casei as três mocinhas rapidamente. O filho mais velho, incentivei-o a ir morar em outro país e rasgava as cartas que ele escrevia ao pai. Meu marido não teve mais notícias dele e o fiz pensar que o moço vivia bem por lá e que o esquecera. O caçula, por mais que tentasse, não consegui afastá-lo do nosso lar. Meu marido gostava de festas, íamos a muitas e viajávamos bastante. Ele adoeceu, roubei-lhe tudo que podia, dei-lhe remédios errados e acabei por provocar sua desencarnação. Fiquei rica com a viuvez, fui morar em outra casa e fiquei sozinha. Não fui feliz, meus enteados me detestavam, meus pais tinham falecido e meus dois irmãos, por não tê-los ajudado financeiramente, não queriam nem me ver. Tentei casar novamente, mas não arrumei ninguém que, em minha opinião, valesse a pena: queria alguém rico. Desencarnei e fui para o umbral sem nenhuma lembrança de algo bom que tivesse feito sem interesse. Sofri muito na zona umbralina. Depois de alguns anos, recebi auxílio e, logo depois, reencarnei. Aquele que tinha sido meu marido, ao desencarnar, foi atraído para o umbral, levado pela sua primeira esposa que, somente depois vim a saber, ele matou. Meu ex-marido sofreu muito. Os filhos o perdoaram e a mãe deles também

acabou por perdoá-lo. Ele ficou vagando, se recuperou e entendeu tudo o que havia acontecido. Seu ódio se voltou para mim, ele me procurou, encontrou-me encarnada e me obsediou. Minha vida no Plano Físico, somente pelos meus atos, já seria difícil, mas ele agravou minhas dificuldades. Destruí uma família; nesta minha última vivência no físico, fiquei sozinha. Isso também ocorreu porque era geniosa: dificilmente quem não tolera é tolerado. Eu não me conformava por este espírito me perseguir. Ele fingia ter esquecido as maldades que havia feito e se lembrava somente das minhas! Bem... Não foi somente uma maldade que cometi: afastei-o de sua família, mas consegui fazer isso porque ele consentiu. Quando morreu, estava velho e doente, somente abreviei seus dias. Era isso que pensava. Agora entendo que realmente agi errado e não agiria novamente daquele modo. Não me casaria por interesse, não afastaria mais filhos dos pais e não mataria ninguém por nenhum motivo. Mas meu ex-marido ficou irredutível, descontava em mim suas frustrações, colocou a culpa de tudo que lhe aconteceu de ruim em mim. Até de ter assassinado sua primeira esposa. Quando isso ocorreu, nós nem nos conhecíamos.

— Eu também sei o que fiz para ser obsediado — falou Marcelo. — Na minha encarnação anterior, fui um homem rico, casado, com filhos. Interessei-me por uma mocinha, filha de um ferreiro e nos tornamos amantes. Dei-lhe casa, roupas e um dia encontrei-a com outro homem. Expulsei-a da casa e disse aos meus empregados que ela era deles. Foi estuprada e depois, para sobreviver, foi ser prostituta. O pai dela, quando a filha saiu de sua casa para ser minha amante, não se conformou e contou tudo à minha esposa. Mandei lhe dar uma surra. Minha mulher sabia dos meus envolvimentos e nada fez além de chorar. Tive muitas amantes. Desencarnei, sofri, fui socorrido, quis reencarnar para esquecer

e com o propósito de me tornar melhor. O ferreiro, pai dessa moça, sempre pensou que eu havia obrigado a filha a ser minha amante e que a havia abandonado quando enjoei dela. Mas não foi verdade: ela, ambiciosa, quis ser minha concubina. Porque minhas amantes, depois que não as queria mais, deixava-as com casa e algum dinheiro, mas essa me traiu. Excedi-me deixando-a para meus empregados como castigo. Depois, meus empregados se excederam na surra que mandei dar no ferreiro. Bateram tanto nele que ficou deficiente, não podendo falar mais. Ele viveu por muito tempo, desencarnou anos depois de mim. Com muito ódio, foi atraído para o umbral e se preparou para se vingar, me encontrou reencarnado e me perseguiu. Minha primeira esposa foi essa amante. Antes de reencarnarmos, prometemos ficar juntos, mas, quando não se perdoa realmente, num convívio, facilmente surgem desavenças. Mas depois nos tornamos amigos.

— *Você agora sabe como estão seus obsessores?* — perguntei.

— *Sei* — respondeu Marcelo. — *O Ferreiro, como era chamado, quando passei a orar, a fazer o bem, ele começou a me ver diferente. A mágoa foi diminuindo, me perdoou, foi socorrido, quis esquecer e reencarnou. Oro muito por ele. Quando me sentir apto, quero ajudá-lo. Desejo de coração que seja feliz!*

— *Eu ainda não consigo desejar isso ao meu ex-perseguidor* — lamentou Luzia. — *Quero-o longe de mim! Sei dele. Quando passei a frequentar o centro espírita, ele foi socorrido. Perdoou-me; como me pediu perdão, foi levado para uma colônia. Atualmente, está aprendendo a trabalhar. A orientadora desta casa que me abrigou afirmou que, quando nós dois estivermos preparados, iremos nos encontrar para conversarmos.*

— *Quais são seus planos para o futuro?* — quis saber.

— *Vou seguir as orientações que tenho recebido* — afirmou Marcelo. — *Tenho tentado fazer aqui tudo do melhor modo possível. Quero ser útil, aprender a ser caridoso, esperar minha* companheira, a segunda esposa, e auxiliá-la. Ela é boa pessoa, mas acredita que a morte é algo muito diferente. Com certeza irá estranhar. Quero ajudá-la, retribuir um pouquinho o bem que me fez. É para isso que tenho me esforçado.

— Quero ficar bem! — exclamou Luzia. — É a única coisa no momento que quero: sentir-me tranquila.

— Você não se sente bem? — indaguei.

— Não totalmente — disse Luzia. — Não sinto dores, nada me falta, mas intimamente não estou bem. Ainda sou inquieta, fico nervosa, às vezes sinto medo e remorso. O fato é que estou insatisfeita comigo. Não quero ser mais geniosa, intolerante e descobri que não basta querer: tenho de aprender, modificar-me, e isso está sendo difícil.

— Querer é o passo mais importante para uma mudança — incentivei-a. — Você cultivou essa forma de agir por muitos anos, por isso encontra dificuldades para agir diferente. Conseguirá. Trabalhe, tente escutar outras pessoas. Quando nos preocupamos com o próximo, esquecemos nossas aflições.

— Foi isso que Mariana me aconselhou, ela é uma orientadora do posto. Sabe que esta senhora, quando encarnada, esteve por um período obsediada? Ela me contou e me disse também que isso a ajudou. Sentindo-se perseguida, estando sofrendo, pediu socorro a um grupo espírita e encontrou esclarecimento nos princípios dessa religião. Segundo Mariana, passou a ler o Evangelho, livros da Doutrina, aprendeu a ser útil como voluntária e a fazer o bem. O ex-obsessor foi auxiliado, e ela não foi mais perseguida. Porém, não se afastou do centro espírita e se tornou uma pessoa melhor. Quando desencarnou, foi socorrida logo após seu corpo físico ter parado suas funções. Está aqui a trabalho, é um ser feliz. Afirma que, se não fosse o obsessor, talvez não tivesse ido buscar auxílio, não teria feito caridade e nem aprendido tantas coisas importantes. Cada um reage ao mal de uma maneira! Nunca pensei que iria escutar de alguém que a obsessão a ajudou.

— Querem dizer mais alguma coisa? Algo a acrescentar nesta entrevista?

— Nunca quero obsediar! — exclamou Marcelo. — E quero viver de tal modo que não magoe ninguém.

— Também quero ter este propósito — afirmou Luzia. — Vou aprender para não ser mais obsediada e...

— É fazendo o bem! — interrompeu Marcelo. — Fazendo o bem e nunca o mal. Se você agir assim, não será novamente perseguida. Porém, o mais importante é não obsediar, não ser o vingador. Todos os obsessores perdem tempo em se vingar para, no final, entenderem que não valeu a pena.

Concordei com Marcelo. Agradeci-lhes e os abracei na despedida.

A obsessão tem muitas fases, conforme sabiamente nos ensina Allan Kardec. Como numa doença, prevenir é o ideal: para não ser obsediado basta não agir errado, não cometer maldades e perdoar. Prevenção do amor. E como em todas as enfermidades, no começo, tudo é mais fácil. Revidar, como Luzia fez, é colocar combustível no fogo: aumenta o ódio, queima, traz sofrimentos para ambas as partes. Neste relato, felizmente tanto Luzia quanto Marcelo procuraram uma religião, modificaram suas maneiras de agir e se reconciliaram. Em muitos casos, porém, mesmo com a desencarnação do obsediado, a desavença continua. E outras vezes, muda-se de lado: o obsediado passa a ser o obsessor. Como tudo seria melhor para todos nós se não fizéssemos maldades e perdoássemos sempre!

CAPÍTULO 3

JUNTAS: OBSESSORA E OBSEDIADA

Fui buscar Benedita num posto de socorro localizado no umbral. Encontrei-a insegura e pensativa. Escutei seus pensamentos: "Será que dará certo este meu encontro com aquela branca azeda?"

Ao me ver, sorriu e, após cumprimentos, indagou-me:

— *Dará certo esse encontro? Sinto-me receosa.*

— *O encontro lhe fará bem* — afirmei. — *Sempre é bom esclarecer os motivos de desavenças. Falando, mas principalmente escutando, podemos entender os motivos que nos levaram à inimizade. E, uma vez compreendidos, eles podem deixar de existir.*

Benedita me olhou, não acreditando, mas me acompanhou até o portão do posto. Foi Isa, uma trabalhadora do abrigo, que me falara desta senhora. Benedita estava ali havia oito meses, fora resgatada do umbral, onde estivera por três anos em desavença com Maria da Glória. Tudo cansa: o sofrimento as cansou e foram socorridas, porém, cada uma ficou num posto de socorro. Organizei o encontro, conversei ligeiramente antes com as duas. Pedi permissão aos orientadores das casas onde elas estavam e fiquei responsável por este reencontro.

Chegamos ao portão, peguei nas mãos de Benedita e volitei com ela. Minutos depois, estávamos no outro posto e a conduzi ao local marcado para o encontro. Uma sala pequena, reservada, contendo somente dois sofás e três poltronas. Maria da Glória nos esperava; levantou-se, estendendo-me a mão e me cumprimentando. Olhou para Benedita e a cumprimentou simplesmente dizendo boa tarde. Sentamos. Acomodei-me ao lado de Maria da Glória. Benedita sentou-se numa poltrona. Estrategicamente, fiquei no meio das duas.

— *O motivo deste nosso encontro é a realização de um estudo* — expliquei. — *Escreverei uma matéria para que sirva de reflexão. Farei perguntas, vocês responderão se quiserem. Porém, peço-lhes para serem sinceras. A primeira questão é: Houve motivos justificáveis para ter acontecido a obsessão?*

— *O senhor terá que julgar se foi justificável ou não* — falou Maria da Glória. — *Fui a obsediada e...*

— *Houve motivos!* — interrompeu Benedita.

Olhei-as com carinho, porém severamente. As duas abaixaram a cabeça.

— *Eu, como disse, tive motivos* — voltou a afirmar Benedita. — *Se são justificáveis, eu não sei. Não foram aceitos porque sofri junto.*

— *Eu, como fui a obsediada* — respondeu Maria da Glória —, *diria que não houve motivos. Mas como ela insiste em dizer* que houve e, olhando para o senhor, acho que não agi corretamente com ela.

– Ainda bem que reconhece! – exclamou Benedita.

– *Como foi passar este período obsessivo?* – fiz logo a segunda pergunta.

– *Sofrimento!* – responderam as duas juntas.

Olhei para Benedita, que completou a resposta:

– *Sofri e fiz sofrer! Um sofrimento que me deu prazer. Não poderia parar de sofrer e saber que ela ficaria bem. Entende?*

– *Não* – respondi com sinceridade. – *Não entendo. Preferiu sofrer e vê-la sofrer do que se sentir em paz?*

– *Pois foi isso que ocorreu* – tentou se justificar Benedita. – *Sofria, mas vê-la arrasada, desesperada me dava um prazer maior do que o meu sofrimento.*

– *Por que você sofria? Posso saber por quê?* – Maria da Glória quis entender. – *Fui eu a castigada. Você padeceu como?*

– *Insatisfação* – respondeu Benedita. – *Vazio, sentia-me oca. Fui compreender isso nestes meses em que estou abrigada. Fazer caridade, perdoar dão uma alegria inexplicável para a maioria das pessoas. E fazer maldade dá insatisfação. Não sei bem por quê.*

Como as duas me olharam, tentei esclarecer:

– *Fomos criados para evoluir. Quando paramos no caminho, nosso espírito reconhece que está perdendo tempo. Natural é agir corretamente e, quando não se age, não se pode fugir da sensação ruim produzida pelos sentimentos inferiores. Amor é luz, e todos nós gostamos da claridade que irradia alegria. Sua insatisfação, Benedita, era porque sabia que revidar, vingar, era agir erroneamente. O vazio do bem não realizado é dolorido.*

– *É isso mesmo!* – afirmou Benedita. – *Sentia-me sozinha, sem amigos, e com vergonha de Deus. Não rezei nesse período.*

Calamo-nos por instantes e voltei a perguntar:

– *Motivos?*

— *Como o senhor vê* — falou Benedita —, *sou negra e fui escrava. Infelizmente, fui propriedade dessa aí, digo, dessa senhora. Encontramo-nos quando ambas estávamos com dezesseis anos e ela veio, casada, para a fazenda onde eu era cativa. Sempre achei ruim ser escrava, mas até que, antes de conhecê-la, não tinha motivos para reclamar. Foi quando ela chegou à casa-grande como sinhá que minha vida se tornou um terrível pesadelo. Ela implicou comigo assim que me viu. Não gostava de mim e me castigava sempre, porém, nunca me afastou de perto dela. Sofri muito. Ela desencarnou antes de mim e, quando vim para o Além, não a encontrei. Vaguei, procurando-a, e aprendi a obsediar. Fui achá-la muitos anos depois, reencarnada, e me vinguei. Posso contar as maldades que ela me fez?*

— *E as que você me fez, contará também?* — perguntou Maria da Glória.

— *Somente retribuí* — respondeu Benedita.

— *Fale você, Maria da Glória. O que Benedita lhe fez?* — pedi que contasse.

— *Ela me infernizou. Tive, nessa minha última encarnação, uma vida muito difícil* — queixou-se. — *Nasci, ou reencarnei, numa família pobre. Meu pai me estuprou quando estava com oito anos. Minha mãe separou-se dele e me colocou num orfanato. Sempre fui doente, sentia muitas dores, mas estudei, gostava de ler e aprendi muito. Quando saí do orfanato, arrumaram-me um trabalho. Por mais que me esforçasse, as doenças me faziam faltar; por isso, mudei muito de emprego. Sempre sozinha, porque não conseguia nem namorar. Tudo dava errado em minha vida. Era tentada a pensar em suicídio, mas resisti, acreditava num terrível castigo para quem se matasse. Tinha muitos pesadelos, acordava gritando, apavorada. Não tive amigos, as pessoas não gostavam de mim, por mais que tentasse agradá-las. Vivi solitária, passei muitas provações, fome e fui humilhada. Adulta, odiava a vida e invejava as pessoas. Queria ser rica, mandar e não precisar trabalhar. Fiquei mais doente, fui sozinha para o hospital, internaram-me. Fiquei três meses sentindo muitas dores e desencarnei. Agora, o senhor pergunte a esta escrava encardida* – olhei-a, e Maria da Glória se corrigiu: –, *a esta senhora, o que ela fez para que tudo isso me acontecesse.*

– *Respondo* – falou Benedita. – *Primeiro, incentivei seu pai a estuprá-la.*

Maria da Glória não sabia disso, estremeceu ao escutá-la e abaixou os olhos para não vê-la. Benedita suavizou o tom de voz, aquele ato não lhe dava mais prazer. Continuou a falar:

– *Assim como também influenciei sua mãe a colocá-la no orfanato, a fiz pensar que você era um demônio que havia seduzido o marido. No orfanato, por meio de um trabalho constante e árduo, fiz as pessoas não gostarem de você, tornando sua vida difícil. E continuei a fazer isso quando saiu de lá, pois queria que ficasse sozinha. Vampirizava suas energias, deixando-a enferma. Queria que você se suicidasse porque, se o fizesse, eu não precisaria mais trabalhar na vingança. Maria da Glória iria sofrer muito pelo seu próprio ato.*

– *Esclareço* – interrompi-a – *que suicídio por obsessão é visto de forma diferente no Plano Espiritual. Todos nós temos livre-arbítrio. Maria da Glória rejeitou essa sua influência e não matou sua vestimenta física. Se tivesse ocorrido o suicídio, você, Benedita, a influenciando, seria uma homicida indireta.*

– *Seria assassina?* – perguntou Benedita assustada.

– *Não era isso que queria?* – indaguei-a.

– *Queria que ela morresse para sofrer mais* – respondeu Benedita. – *Mas não teria coragem de matá-la, se estivesse encarnada.*

– *Intenção é determinada vontade de fazer algo. Pense: se sua perseguida tivesse se suicidado, como você se sentiria?* – quis saber.

— Na época, contente, com certeza, mas agora não sei. Talvez me sentisse como uma assassina. Ainda bem que desencarnado não consegue matar encarnado! — Benedita suspirou.

— Mas pode influenciar para matar outras pessoas e a se matar! — exclamou Maria da Glória.

— Atendemos a quem queremos e com quem nos afinamos — lembrei-as.

— Ser obsediada, escutar esta influência nociva o tempo todo, é terrível! — lembrou Maria da Glória.

— Viva de acordo para não ser obsediado e...

— Não faça mal a ninguém — Maria da Glória me interrompeu. — Nada é injusto! Se não tiver motivo, a obsessão não acontece.

— Tenho visto — expliquei — algumas perseguições que acontecem porque as pessoas têm opiniões contrárias. Espíritos imprudentes, querendo que encarnados não façam o bem ou para vampirizá-los, mas esses casos são fáceis de resolver. Porque pessoas que se esforçam para serem boas sempre têm por companhia afins, isto é, espíritos que também estão aprendendo a fazer o bem, para orientá-las. E repito: escutamos a quem queremos.

— Se ela tivesse se matado pela minha influência, teria sofrido como queria? — Benedita, curiosa, quis saber.

— Sofreria, sim — respondi. — Suicídio é um ato que acarreta muito sofrimento, porém são levados em conta as causas, os motivos. Não são vistos de maneira igual o de uma pessoa consciente que o planejou e o de outra doente ou subjugada. Não existe reação igual para a mesma ação. Como disse, você, Benedita, seria considerada homicida, e o suicídio dela poderia ser um ato inconsciente. Creio que ela sofreria como sofreu no umbral, ao desencarnar, pelo rancor e ódio que sentia. Padece-se muito pelos sentimentos inferiores.

— Ainda bem que não a deixei me dominar a ponto de me matar. Não queria ter me suicidado! — exclamou Maria da Glória.

— *Bem que tentei* — falou Benedita com sinceridade. — *Mas você é geniosa, sempre foi mandona e não gostava de receber ordens.*

Achando que deveria voltar à entrevista, voltei a questionar:

— *Como foi sua desencarnação, Maria da Glória?*

— *Triste, como fora minha vida. Meu corpo físico morreu. Ela me desligou, tirou meu espírito da matéria morta e me levou para aquele local horrível. Continuou a me castigar, porém, logo me recuperei, revidei e ficamos guerreando. Ficávamos cansadas e nos afastávamos uma da outra, mas sem nos perder de vista, e logo nos aproximávamos para discutir, brigar e nos estapear. Cansei, mas não aceitava ser ofendida sem ofender, ser agredida sem agredir. Resolvemos parar e pedir ajuda. A desencarnação, para mim, foi pior, bem mais sofrida que minha vida encarnada.*

— *Por que sempre o obsessor é visto como o carrasco?* — perguntou Benedita. — *Ninguém quer saber as causas que me levaram à vingança. Nem o senhor se interessou.*

— *Jesus nos recomendou perdoar, e quem não perdoa age errado* — respondi. — *Vingar-se é agir com maldade, é uma ação que terá reações de dores.*

— *Acho isso injusto!* — exclamou Benedita. — *Fazer o outro pagar deveria ser lei.*

— *A Lei é a da Ação e Reação. Recebemos o bem quando o praticamos, e o sofrimento quando espalhamos dores. Somente o amor verdadeiro, como nos exemplificou o Mestre Jesus, anula maldades. Ninguém precisa fazer uma ação má para fazer o outro pagar. Mal com mal aumenta a maldade. Nada é injusto.*

Silenciamos por um momento, e foi Benedita quem falou:

— *Como escrava dessa aí, sofri muito. Perdi a conta das vezes em que ela me chicoteou, jogou objetos em mim, me ferindo, deixou-me sem alimentos. Entregou-me a um capitão do mato para ser estuprada. Separou-me de um negro que namorava,* vendendo-o. Fiquei uma vez grávida, e ela me surrou, com um pau, bateu na minha barriga e abortei. Todas as vezes que pedi para ela me vender ou me mandar para a lavoura, ela ria e não deixava.

— Somente você não a perdoou? Por quê? — perguntei.

— Esta senhora agiu assim somente comigo — respondeu Benedita.

— Isso é verdade — concordou Maria da Glória. — *Não sei por que agi assim. Embora fosse sinhá, não tive uma vida fácil, casaram-me novinha, amava outro e nunca gostei do meu esposo. Vivi naquela fazenda distante, tive três filhos e nem por eles sentia amor, embora tentasse ser boa mãe. Quando vi Benedita, senti repulsa, como se ela fosse culpada de tudo de ruim que me acontecia. Às vezes sentia dó, mas achava que merecia ser castigada. Não era feliz e não queria que ela fosse, não sei por que achava que ela tinha de sofrer. Onofra, uma negra bondosa, cozinheira da casa, estava sempre nos ajudando, ela me alertava que eu não agia correto com esta escrava e tentava consolar Benedita, pedindo para não odiar. Onofra não conseguiu. Eu desencarnei ainda jovem por doença, fui para o umbral e lá me arrependi de meus erros, fui socorrida, quis reencarnar e me foi dada mais esta oportunidade.*

— Eu fiquei encarnada por mais doze anos — informou Benedita. — *Amargurada e rancorosa, odiava Maria da Glória, desejando-lhe o Inferno. Fiquei na casa-grande e ninguém mais me castigou, mas detestava ser negra, escrava e pobre. Onofra tentou me ajudar, mas não conseguiu me fazer perdoar. Ela nos visitava quando estávamos no umbral, tentava nos orientar e nos socorreu. É uma boa pessoa!*

— Você sabe, Maria da Glória, por que não gostou de Benedita assim que a viu? — fiz mais uma pergunta.

— Não sei — respondeu ela.

— E você, Benedita, sabe por que ela não gostava de você?

Benedita sacudiu os ombros e, como sentiu, pelo meu olhar, que não aceitei a resposta, falou:

— *Encarnada, não entendia. Quando Maria da Glória chegou à fazenda, achei-a bonita, tinha vestidos lindos. Esforcei-me para ser educada e servil. Todas as negras da fazenda preferiam o serviço da casa-grande que o da lavoura. Tentei de tudo para agradá-la, mas nada deu certo. Com os castigos, tive medo e depois a odiei. Onofra me aconselhava, pedia para ter paciência, rogava para que a perdoasse, mas neguei. Quando eu a perseguia, Onofra me visitava, conversava comigo com o mesmo propósito e um dia ela me contou o que eu fiz no passado, na minha encarnação anterior. Senti que era verdade, lembrei-me até de algumas passagens. Porém, achava que agia certo, ela me maltratou muito nessa encarnação.*

— *Você agiu errado primeiro* — comentou Maria da Glória e exaltou-se: — *Que direito você tinha de me obsediar se estava somente descontando? Você é muito pior do que eu!*

— *Senhoras* — interferi —, *nós não melhoramos quando apontamos os defeitos alheios esquecendo dos nossos. Por que não recordam somente de seus atos indevidos em vez de ficarem remoendo os que receberam? Vocês duas acusam em vez de reconhecer seus erros. Por que não mudam? Pensem e falem sobre o que fizeram e não sobre o que receberam. Se agirem assim, com certeza, não se desentenderão mais. Vamos tentar?*

— *Eu...* — Maria da Glória me atendeu — *não gostei de Benedita assim que a vi. Achava que ela era culpada por todos meus problemas e sofrimentos. Agi como o senhor disse. Em vez de pensar que somente nós somos os responsáveis pelos nossos atos, culpei-a. Não recordava o passado e não sabia o porquê de julgá-la assim. Poderia ter agido diferente. Estou lembrando agora de uma conversa que tive com Sebastiana, uma pessoa agradável, servidora da enfermaria onde estou hospedada provisoriamente. Ela me contou que teve um filho quando solteira e odiou o neném assim que o viu. Descobriu que estava grávida aos seis meses de gestação, já separada do namorado e nem sabia onde ele estava. Ela trabalhava muito nessa época, o pai estava doente e não teve tempo de pensar que estava para ter um filho. O pai desencarnou e a mãe aceitou sua gravidez. Ela parou de trabalhar e o menino nasceu. A vontade dela era bater na criança, odiava-a Sua mãe, preocupada, levou-a ao médico, tomou remédios, porém sua vontade de maltratá-lo era cada vez maior. Tomou uma decisão e o deu para adoção. Anos depois, casou-se, teve três filhos e foi uma excelente mãe. Somente aqui, no Plano Espiritual, veio a saber que seu primeiro filho fora seu carrasco anteriormente. Eu deveria ter agido como Sebastiana. Não gostei de Benedita, deveria tê-la afastado da casa-grande e não a maltratado.*

— Se isso tivesse acontecido — disse Benedita —, *teria ficado magoada, mas me acostumaria ao trabalho pesado na lavoura e depois não teria motivos para odiá-la querendo me vingar.*

— Fatos que acontecem com encarnados não devem ser generalizados — expliquei. — *Existe depressão pós-parto, que requer tratamentos e cuidados. É algo passageiro, mas para o qual existe medicação. Isso poderia ter ocorrido com Sebastiana, mas, como ela contou que houve uma desavença, deduzo então que o que aconteceu foi ausência de perdão. O certo seria ter conseguido amar esse desafeto que veio para perto dela como filho. Como não o amou, preferiu afastá-lo, certamente com medo de que, num rompante, pudesse feri-lo. Não agiu corretamente, mas pelo menos não descontou, nem procurou vingança. O tempo suaviza tudo; com certeza a vida os aproximará e o rancor não será mais forte para se repelirem. Vou fazer mais uma pergunta: quais são seus planos para o futuro?*

— Melhorar — respondeu Benedita. — *Perdi muito tempo. Se tivesse perdoado, teria reencarnado e estaria bem. Para*

melhorar, quero estudar e aprender a fazer o bem trabalhando no posto.

— Meus planos são parecidos com os dela — afirmou Maria da Glória. — Somente não quero encontrá-la nem por aqui, nem encarnada.

— Nem eu quero isso! — exclamou Benedita. — Sabe de que tenho medo? De ficar próxima dela, maltratá-la ou ser maltratada, e o ódio continuar. O senhor deve estar pensando: estas duas têm muito que aprender!

Sorri, concordando. Maria da Glória pediu:

— Pedi para Onofra e agora rogo ao senhor: será que não podemos ficar separadas? Reencarnar distantes uma da outra e somente nos reencontrar quando tivermos aprendido a vivenciar o Evangelho?

— Vocês estão separadas — falei. — Estão abrigadas em postos diferentes e não se encontrarão neste período em que estão na erraticidade. Quando forem reencarnar, poderão fazer esse pedido. Benedita, como está há muitos anos desencarnada, deverá voltar ao Plano Físico antes de você, Maria da Glória.

— E isso não será garantia de que realmente não nos encontremos, não é? — perguntou Benedita. — As pessoas vão e vêm, mudam-se. Quero amar você, Maria da Glória, ainda não consigo, mas quero amá-la a ponto de não lhe desejar nada de ruim, mas, sim, que seja feliz.

— Vou me esforçar para sentir o mesmo! — exclamou, sincera, Maria da Glória. Em seguida, ela me olhou e perguntou: — Se eu, encarnada, tivesse agido diferente, tentado ser uma boa pessoa, Benedita não teria conseguido me obsediar?

— Se você, Maria da Glória, não tivesse se revoltado, se tornado amargurada, se não ficasse sentindo raiva e modificasse sua conduta, se seguisse uma religião, orado e feito o bem...

— Eu teria ficado com pena de você e me afastado — Benedita interrompeu-me.

— *Você, Benedita, não teria conseguido influenciá-la* — continuei explicando. — *Se Maria da Glória melhorasse sua vibração, sairia de sua faixa mental e você não conseguiria prejudicá-la como fez. Depois, ao tratarmos as pessoas de forma afetuosa, ajudando-as, elas demonstram gratidão, e nos desejam o bem, enviando energias salutares, e assim vibramos melhor. Sentimo-nos contentes ao ajudar os outros como também encontramos soluções para nossos problemas.*

— *Minha vida teria sido diferente!* — lamentou Maria da Glória.

— *Está entendendo que não sofreu somente porque eu quis? Eu...*

Olhei para Benedita, que sentiu a repreensão no meu olhar e se calou.

— *Agora precisamos ir* — disse, levantando-me.

Estendi a mão, despedindo-me de Maria da Glória. Benedita fez o mesmo e falou:

— *Foi muito bom conversar com você. Se puder, perdoe-me, porque eu vou tentar perdoá-la de coração.*

— *Saio deste encontro* — afirmou Maria da Glória — *melhor do que entrei. Já não a odeio!*

Acompanhei Benedita ao posto onde estava hospedada e me despedi, abraçando-a.

Não devíamos sentir antipatia por ninguém e, se sentimos, devemos lutar contra este sentimento. Não há desculpas para, por este sentimento, antipatia, ser grosseiro ou até agir com maldade. E não devemos pensar que somos vítimas. Às vezes, fomos nós o carrasco e sentimos medo de que o outro revide. Como seria maravilhosa nossa morada, a Terra, se nós amássemos a nós mesmos e ao próximo e fizéssemos ao outro somente o que gostaríamos que nos fizessem. Frases curtas, simples, mas com diretrizes tão profundas. Chaves para nossa felicidade.

Um amigo que leu esta entrevista comentou:

– Antônio Carlos, será que essas duas senhoras merecem o socorro que estão recebendo? Ao ler seu relato, pareceu-me que ainda estavam magoadas uma com a outra. Não se é socorrido somente quando se está livre de sentimentos inferiores?

– Meu amigo – não pude deixar de sorrir –, quando nos livrarmos de todos nossos sentimentos inferiores, estaremos aptos a habitar mundos felizes. Jesus nos pediu para nos ajudarmos e não para julgarmos. Se fosse necessário, para sermos ajudados, sermos perfeitos, o socorro não teria razão de ser por não o necessitarmos. Você deve ter lido que Benedita começou a compreender que estava necessitada de aprender e melhorar, estudar o Evangelho e vivenciá-lo. Quem de nós não necessita? Acredito que todos nós que temos a Terra por moradia. E fraquejamos. Principalmente num aperto, naquele momento estamos sendo verdadeiros. Exemplo: num regime para emagrecer. A proposta pode ser sincera, mas, normalmente, há recaídas até justificáveis: alimento saboroso, encontro com amigos, etc. Num leito de hospital, naquele instante, pode-se pensar com muita sinceridade: "não vou ficar nervoso", "vou seguir a dieta", "não farei extravagâncias", etc. A desencarnação não nos modifica. Quando Benedita e Maria da Glória foram socorridas, esta sinceridade existia, como existe em muitos socorridos. Porém, após não sentir mais dores, estar relativamente bem, pode ser que os propósitos sejam esquecidos. A maioria de nós, em período de aprendizado, age assim: damos mais atenção a uma matéria que a outra, por gostar mais dessa ou ter dificuldade naquela. Se, ao sermos socorridos uma vez, ficássemos convictos de nossos propósitos, afirmo para você: nossa Terra já teria passado há séculos para a classificação de planeta de regeneração.

– Você tem razão! – exclamou meu amigo. – Entendo, muitos veem este socorro como um término de sofrimento, mas o objetivo é a educação, não é?

— Espírito são não precisa de tratamento médico. É um sábio, um mestre. Somente procura medicação aquele que se sente enfermo; conhecimento, quem quer aprender. Doenças e ignorância nos incomodam. Socorro, auxílio, traz alívio imediato. Ficando abrigado, aprende-se muito. E se a pessoa se modifica, aí sim, de fato, a ajuda fez a diferença.

— A dor ensina mesmo?

— A dor não se importa de repetir a lição — comentei. — Voltando ao exemplo, um encarnado enfermo pode ter tido uns dez propósitos depois de dez internações.

— Esquece da dor nos dias internados. É isto que quer dizer?

— Sim. As duas entrevistadas entenderam isso. Por isso tememm a aproximação.

— É muito complexo! — exclamou meu amigo. — Mas compreendi. A luta para melhorar é de cada um. Postos de socorro, colônias para desencarnados, são oportunidades de se renovar, lugares de bons exemplos e estudo. E a reencarnação é a prova do exame. Você acredita que essas duas senhoras melhorarão?

— Sim, e afirmo com certeza: já melhoraram! — respondi.

— Você é otimista!

— Acredito nas pessoas — afirmei. — Elas temem errar, e este medo age, quase sempre, como freio. Ambas não querem sofrer novamente, querem sentir tranquilidade, ficar em paz, e isso somente conseguirão se modificarem-se visando às diretrizes do Evangelho.

Nos dois Planos, Físico e Espiritual, a vida não difere muito e nos modificamos para melhor somente quando queremos; e devemos fazer isso agora, no momento presente.

CAPÍTULO 4

MAL DE ALZHEIMER

Alzheimer é uma doença degenerativa e, até o momento em que transcrevo, incurável para os encarnados. Para cada enfermo, ela acontece de forma única, embora existam pontos comuns, como a perda de memória e desligamento da realidade, chegando à privação das funções motoras.

Como estamos vivendo mais tempo na matéria física, com muitas maneiras de cuidar melhor do corpo, certas enfermidades, ocasionadas pelo envelhecimento, ficaram agora mais em evidência.

Ressalto que a nossa vestimenta carnal se desgasta e temos de ter ainda, infelizmente, motivos para mudarmos para o Além. E doenças podem surgir pelo envelhecimento e desgaste dos órgãos. Espiritualmente, podemos explicar as enfermidades pela Lei da Ação e Reação e pelo abuso. Elas também podem ser uma prova: enfermar para se certificar de que não reclamaria ou de que trabalharia para o bem mesmo sentindo dores. Ficamos doentes por muitos motivos. Somente teremos saúde em todas as fases da vida encarnada, infantil, adulta e na velhice, quando formos espiritualmente sadios.

Entrevistei Antônio, conheci-o encarnado e temos uma grande afinidade: a literatura espírita. Ele adoeceu nos últimos anos de sua vida física, teve Alzheimer. Desencarnou com o merecimento de ser acolhido por diversos amigos e familiares e, dias depois, estava sadio e conseguiu facilmente se livrar das sensações de sua roupagem física. Nosso encontro foi agradável, rever os amigos e estar com eles são momentos de ternura que nos alegram e pelos quais não podemos deixar de agradecer.

– Antônio – pedi –, *fale um pouco de sua doença.*

– *Doenças nos trazem padecimentos* – Antônio atendeu-me tranquilo. – *Idosos sempre sentem diversas dores. Sofrer tendo consciência, raciocinando, é uma coisa; o cérebro não estando bem, não conseguindo raciocinar, é outra. Para mim foi muito pior. Fiquei muito triste, preocupado, quando comecei com os esquecimentos. Familiares também se preocuparam, minha doce esposa tentava me animar, consolar, dizendo que não era grave, que todos tinham esquecimentos, etc. Resolvi, para não deixá-la mais preocupada e triste, concordar. E fui piorando. Meu espírito não estava doente, graças a Deus, e queria comandar o corpo. Uma comparação: o corpo era um barco, o espírito o leme, e a peça que os unia estava quebrada, não obedecia ao comando. Ainda bem que, quando o corpo doente dormia, meu espírito saía, encontrava-se com amigos e conversava com familiares encarnados que também se afastavam de seus corpos físicos. Dessa maneira, me refazia.*

– O que essa doença significou para você? – perguntei.

– O corpo físico adoece independentemente da nossa vontade e não temos escolha. A enfermidade, a dor, foi para mim uma grande mestra. Compreendo agora que, mesmo me esforçando para vencer minhas tendências nocivas, ainda restava um bocadinho de vaidade. Sentia um orgulho indevido por ser bom, não ter vícios, cumprir com meu dever, de ter conhecimentos que eram e continuam sendo importantes para mim. Sofri por ser privado temporariamente disto tudo. Compreendi, pela dor, que tudo o que nos foi dado pode ser retirado, mas se algo foi adquirido pelo estudo, por esforço próprio, ficar sem isso por algum tempo não significa que o tenha perdido. Recuperei aquilo de que havia sido privado da melhor maneira possível, sem a réstia da vaidade e com muita gratidão aos familiares que cuidaram de mim com muito amor e dedicação.

– Como foi sua desencarnação? – quis saber.

– Não vi meu desligamento – respondeu Antônio. *– Não notei nenhuma diferença. Senti-me melhor e vi amigos. Mas, como sempre os estava vendo, não percebi que meu corpo físico havia parado suas funções. Dormi alguns dias e acordei num local que não conhecia, fiquei confuso, não sabia se estava sonhando ou não. Conversei com amigos e eles me explicaram que meu envoltório carnal morrera. Não sentia nenhum receio da desencarnação, sabia bem o que iria encontrar no Plano Espiritual. Senti-me liberto e feliz. Envergonhei-me da minha euforia, minha família estava triste com a separação, mas logo tudo ficou bem, eles se conformaram, entenderam que havia sido o melhor para mim, continuaram tendo alegrias e dificuldades, essa mistura da vida no Plano Físico. Eu só me senti liberto mesmo, sadio, depois de satisfazer minha curiosidade de conhecer de perto lugares da espiritualidade, então passei a ser útil e me sentir muito bem.*

— *Você voltou para o Plano Espiritual realizado?* — indaguei.

— *Não!* — exclamou Antônio. — *Senti que poderia ter feito mais e melhor. Gostaria de ter voltado com mais obras úteis na bagagem.*

— *Creio, meu amigo, que esta sensação é sentida por muitos que regressam à espiritualidade. Você fez por merecer um socorro, fez amizades espirituais.*

— *Pois é, regressei rico espiritualmente* — Antônio sorriu contente.

— *Você, encarnado, quando doente, tinha conhecimento de seu estado?*

— *No início sim* — respondeu Antônio. — *Não quis mais sair de casa, conversar com as pessoas para não constrangê-las por não me lembrar delas, por repetir perguntas e preferi falar menos. Depois a sensação era a de que saía do ar, dormia para acordar. Não me lembrava de muitas coisas e foi aumentando a sensação de ausência. Mas tinha momentos que entendia estar doente, sentia por estar dando trabalho e também me apiedava dos familiares que estavam se privando de tantas coisas para cuidarem de mim. Queria ficar consciente, mas, de repente, o esquecimento.*

— *Você sofreu?*

— *Sim, sofri. Meu espírito, preso num corpo sem lembranças e ação, sofreu. Sofremos muito pelo espírito. Também senti outras dores e não conseguia reagir a elas ou explicar. Às vezes, a sensação que tinha era como se estivesse anestesiado, e esta anestesia ia e vinha, isto é, era um torpor, com dor e sem dor. Muito estranho, esforçava-me para sair dele, mas não conseguia, era como se quisesse acordar sem conseguir. Anos antes, fora anestesiado para uma cirurgia e, ao acordar, senti dores, sem ter total consciência de onde estava e foi isso que muitas vezes senti com o Alzheimer. E nesses instantes, em que tive um pouquinho de entendimento, padecia muito.*

— *Você teve, e tem, conhecimento espiritual. Então pergunto: teve motivos para ter passado este período enfermo?* – perguntei.

— *Quando desencarnei, não quis saber o porquê de ter passado este período difícil. Maravilhei-me com o Plano Espiritual e queria ser útil, o descanso forçado pela doença me fez querer ser mais ativo no trabalho. Soube que era para ter desencarnado anos antes, que havia esticado minha vida encarnado* – sorriu. – *Vivi mais anos do que planejei antes de reencarnar. Não tive nenhuma doença mais grave, cuidei do meu corpo, não o envenenei com nada que o prejudicasse, fui uma pessoa útil. Adoeci, e esse período foi muito importante para mim. Provei a mim mesmo ser resignado e grato. Foi um aprendizado! Lição preciosa! Provei ter realmente aprendido o que falava e escrevia.*

— *Você quer acrescentar algo a mais nesta entrevista?*

— *O doente de Alzheimer* – explicou Antônio – *pode espiritualmente não sentir tanto o reflexo da doença, afastar-se do corpo físico quando este adormece e saber de tudo o que acontece, sentir, de forma confusa, outras dores e ter períodos conscientes num tremendo esforço do espírito em relação ao cérebro físico, mas isso não ocorre com todos os doentes. Pode dar trabalho mas ainda é o ser amado. E, como todas as enfermidades, elas acabam, passam e um portador de Alzheimer, quando vem para o Plano Espiritual, se cura; uns mais rápido, outros demoram um pouco mais.*

A entrevista acabou, agradeci e nos despedimos com um abraço carinhoso.

Clarisse me esperava no jardim de um posto de socorro localizado no umbral. Cumprimentei-a com um abraço fraterno. Ela se emocionou e explicou:

– *Receber um abraço é para mim um grande agrado!* – Tentou sorrir e completou: – *Encarnada, não abracei ninguém com carinho.*

– *Gosta daqui? Deste abrigo de amor?* – perguntei.

– *Nem sei como responder* – falou Clarisse, após pensar um instante. – *Antes, eu era fingida e dissimulada, responderia que sim, que é agradável, etc., ou, orgulhosa, afirmaria conhecer lugares melhores. Conheci, sim, locais lindos, isso quando encarnada. Desencarnada, este é o melhor que vi. Quem esteve no umbral acha este abrigo um paraíso. Estou tentando não reclamar. Ontem mesmo estava reclamando e uma colega me alertou que poderia ser expulsa daqui e voltar para o umbral onde estive. Preocupei-me e fui conversar com uma orientadora; ela me falou que poderia, em vez de reclamar, trabalhar para deixar esta casa como queria que fosse. É muito trabalho! E não sei se gosto ou não daqui, mas é bem melhor que o purgatório, ou seja, o umbral.*

– *Você ficou muito tempo na zona umbralina?* – quis saber.

– *Fiquei muito tempo* – respondeu Clarisse, suspirando tristemente.

– *Achou justa sua permanência lá?*

– *Aquele lugar é horrível! Escutei de espíritos que moram lá que merecia permanecer ali porque eu fui terrível. Achei injusto e me revoltei. O tempo passou e comecei a entender que era merecida a minha estadia no vale das sombras. Arrependi-me e fui socorrida.*

– *O assunto da entrevista é o Alzheimer. Você, encarnada, foi portadora desta doença?*

– *Infelizmente, sim* – respondeu Clarisse. – *Estava com sessenta e nove anos quando comecei a sentir os sintomas. Morava sozinha. Fui casada três vezes, e meu último marido tinha ido embora havia dez anos. Nenhum dos meus filhos queria me ver, tive três e abortei seis vezes. O meu filho mais velho não gostava de mim, ficamos anos sem nos ver, não combinávamos. Quando adolescente, foi morar com o pai e se deu bem com a madrasta; ele, às vezes, conversava com os irmãos, mas não comigo. O meu segundo filho me acusava de me intrometer em sua vida, de infernizá-la. Eu não gostava de sua mulher e ele me proibiu de ir à sua casa, raramente vinha me ver. A filha, a caçula, me tolerava, e era a que vinha em casa, era religiosa, creio que era este o motivo de me visitar. Mas, voltando ao assunto da doença, comecei a esquecer, a ficar agressiva, empregadas não paravam, brigava com vizinhos, com o genro, não queria nenhum neto em meu lar. Fiquei sozinha. Minha filha fez uma reunião com os dois irmãos e decidiram me internar, escolheram uma clínica paga. Com o aluguel da casa e de mais dois imóveis, além da pensão que recebia, pagavam minhas despesas. Fiquei oito anos na clínica. Enquanto pude, infernizei a todos e algumas medidas, aprovadas pelos meus filhos, faziam-me aquietar. Às vezes, era amarrada em cadeiras, tomava remédios fortes para dormir. Meu mau humor e agressividade me tornaram uma doente difícil, que era cuidada por obrigação.*

— Gostaria de saber o que sentia quando esteve doente — pedi.

— Muitas dores! — exclamou Clarisse. — Ficar amarrada me dava câimbras, sentia muitas dores nas pernas, nas costas e no estômago. Ah! Tinha muitas dores de dentes que amoleceram e caíram. Pelo Alzheimer, não tive dores: apagava como uma lâmpada, que, em outros períodos, acendia. Era assim que sentia ser: uma lâmpada que acendia e apagava. Depois, a lâmpada ficou somente apagada. E eu sofria. A sensação é muito ruim.

— Você sabe por que foi doente? — continuei a entrevista.

— E tem que ter motivo? Adoeci e pronto. A vida é assim. Pensava deste modo, mas aqui, pelo que tenho escutado, temos motivos para adoecer. Dizem ter sido reações do meu abuso. Não sei!

— *Você ainda sente remorso?*

— *Sinto* — desta vez Clarisse foi sincera. — *Poderia responder a você somente com a palavra "sinto". Gostaria de complementar. Fiz muitas coisas erradas, para não dizer maldades, e recebi algumas reações de meus atos quando ainda encarnada, outras, quando desencarnada. Com certeza, terei de resgatar as restantes na minha próxima encarnação. Fui uma pessoa, e às vezes ainda sou — não consigo mentir olhando para você —, maledicente. Reparo nas pessoas, percebo suas fraquezas para ofendê-las melhor. Sempre fui ferina, e as consequências vieram: parentes não gostavam de mim, vizinhos não queriam nem me ver. Fui tolerada por poucos e odiada por muitos. Fiz maldades por fazer. Escrevia muitas cartas anônimas com mentiras, espalhei calúnias e abortei. Vim saber aqui, na espiritualidade, que dois espíritos abortados por mim sentiram muito rancor e quiseram que eu sofresse. Um deles, quando eu estava doente na clínica de repouso, me dizia: "Se você não tivesse me abortado, não estaria aqui, iria cuidar de você." No umbral, encontrei uma desencarnada que afirmava ter sido abortada por mim. Foi ela quem me disse que havia desencarnado e, para melhor me maltratar, tirou, não sei como, minha perturbação. Ela me bateu muito, depois cansou; não a vi mais e fiquei sozinha naquele lugar de sombras.*

— *O que você pretende fazer no futuro?* — perguntei.

— *Não sei* — respondeu Clarisse. — *Talvez ir para um lugar melhor.*

Realmente, Clarisse não fizera planos. De imediato, queria ser servida.

— *Você aprendeu alguma coisa com a doença Alzheimer?*

— *Nada! Como pode alguém aprender com o esquecimento, sentindo-se uma lâmpada apagada? Mas antes esta doença que um câncer. Desencarnei por um infarto, a enfermeira não me dava o remédio para o coração por não querer tomá-lo. Era muito trabalhoso me forçar.*

— *Você não sente vontade de melhorar? Tornar-se uma pessoa mais agradável?* – quis saber.

— *Mais agradável pretendo ser. A sensação de sentir que somos indesejáveis é ruim. Mesmo aqui, somente duas pessoas conversam comigo. Pretendo mesmo me tornar mais agradável.*

Clarisse continuou a falar, queixou-se, fez comentário sobre os outros abrigados, sobre seus atos errados. Minha entrevista terminara, mas fiz a última pergunta:

— *Você se lembra das coisas boas que fez?*

— *Viagens, amava... Não é isso que quer saber, não é? Bem... Claro que fiz! Tive três filhos! O primeiro eu tive para receber pensão e me dei bem! Melhorei financeiramente com a pensão que recebia. Você quer mesmo saber? Quando me lembro de algo que julgava ter feito de bom, olho para você e vêm à minha mente os motivos que me beneficiariam. Estou pensando que não foram boas ações. Estar dando esta entrevista não é algo bom?*

Sorri. De fato, o que escutei e transcrevo serviu de alerta para mim e talvez sirva para mais pessoas. Sendo críticos e intolerantes, ninguém nos tolera e dificilmente alguém quer ficar perto de um ser maledicente.

— *Está me fazendo um favor e agradeço por ter me atendido* – respondi.

— *De nada! Vou contar a todos aqui que lhe fiz um favor!* – exclamou Clarisse.

Despedi-me e a abracei novamente.

Encontrei José, meu terceiro entrevistado, no pátio de uma escola no Plano Espiritual. Muito agradável, me cumprimentou sorrindo. Convidou-me a sentar num banco. Expliquei a ele que queria saber como foi ter Alzheimer, o que sentia, enfim, como foi ter passado por essa experiência. Atencioso, falou que ia tentar responder do melhor modo que conseguisse.

– *Como foi passar esse período encarnado doente?* – foi a primeira pergunta.

– *Penso que nenhuma doença é agradável. Lembrar dela é uma coisa, no momento em que se sentem os sintomas, é outra. Sofri bastante quando soube que era portador de Alzheimer. No começo, os esquecimentos, achei serem somente pela idade, ou que fossem passageiros, não me preocupei tanto. Diagnosticado, me aborreci: saber que você tem algo que somente irá piorar é muito ruim. Tentei tratamentos que não deram resultados, e os efeitos colaterais me causaram dores. Prezava meu raciocínio, me orgulhava de minha vida, do que julgava ser. Esquecer e às vezes me tornar agressivo ou inconveniente me fazia infeliz. Escutava "Pai, não é assim! O senhor não ouviu? Não entendeu? Não é isso!" Então me revoltava e ia chorar escondido. E fui piorando: passei a ter cada vez menos consciência, até não reconhecer os familiares. Internaram-me, eles não tinham como cuidar de mim, eu necessitava de cuidados o tempo todo, fugia e uma vez quase coloquei fogo na casa. Entendo que foi melhor para mim e para todos. No asilo, havia pessoas para cuidar de mim e não havia nada perigoso em que pudesse mexer. Fiquei alheio, conversava pouco e nunca mais sorri. Como somos espírito e corpo, sabia intimamente, pela alma, que estava enfermo, meu espírito queria que o corpo fizesse algo, que falasse com as pessoas,* mas o corpo doente não obedecia. Sofri, mas tive momentos tranquilos também. Preferia ter vivenciado dores terríveis fisicamente, mas com o cérebro sadio, com o meu raciocínio. Tive muitas escolhas na vida e nem sempre optei pela melhor e recebi a reação: não tive escolha na doença.

— Sabe por que ficou doente? — perguntei.

— Encarnado, pensei no começo que não usara devidamente meu cérebro, não gostava muito de ler, fazer cálculos, não estudei muito. Agora sei que podemos, encarnados, fazer algumas prevenções, mas não evitar a doença. Não me lembrei das minhas outras existências, de encarnações passadas, para saber se tinha motivos para sofrer assim nessa minha última. Disseram-me que não estou preparado para recordar. Penso que me bastam as lembranças desta existência. Sinto muito não ter feito o que poderia fazer. O bem não realizado nos dá uma sensação de vazio. E foi este vazio que o Alzheimer me fez sentir com mais intensidade. Antônio Carlos, você sabe por que uma pessoa tem uma determinada doença?

— Não — respondi. — As reações podem ser diversas para uma mesma ação e, como existem várias maneiras de agir... Não tenho como lhe responder. Quando entendeu que desencarnou?

— Foi somente depois de muito tempo que entendi que mudara de plano — respondeu José. — Senti como se ainda estivesse em meu corpo físico. Não vi quando desencarnei, não percebi. Contaram-me depois que meu corpo, por uma infecção generalizada, parou suas funções, estava num hospital. Fui socorrido e fiquei no posto de socorro desse hospital por três meses, me sentindo encarnado e doente. Uma equipe levou-me a um centro espírita, onde recebi tratamento, melhorei, mas as sensações físicas eram ainda fortes. Trouxeram-me para cá e foi depois de muitos tratamentos, conversas e carinho que fui melhorando.

— Por que não foi fácil para você se desapegar de sua vestimenta física?

Por um instante pensei que José não soubesse me responder. De fato, são poucos os desencarnados que não sentem como se ainda estivessem em seu corpo físico. A maioria sente principalmente os sintomas básicos: sede, fome, frio, calor, vontade de dormir, descansar. Livrar-se das dores é mais fácil, ninguém gosta de sofrer. Mas depende muito do enfermo, na espiritualidade, se tornar sadio. José repeliu a doença, lutou para não adoecer e se revoltou. Sabia que não seria curado e isto retardou um pouco sua melhora no Plano Espiritual. Com certeza, ele melhoraria rapidamente se tivesse feito mais caridade, o bem. Receberia visitas e ajudas de pessoas gratas, o que o confortaria. Meu entrevistado pensou na minha pergunta, me olhou, sorriu e respondeu:

— Deixei a doença se enraizar em mim, alimentei-a com meus pensamentos. Alimentamos qualquer enfermidade com revolta, agonia e desespero e, como pensava que somente iria piorar, mesmo sem o corpo físico, sentia-me doente. Não acreditava na melhora.

— Você aprendeu algo de bom com o Alzheimer? — quis saber.

— Não sei se o Alzheimer me ensinou algo, mas as dores sim. Tive também outras doenças e foi uma outra que provocou a parada dos meus órgãos vitais e desencarnei. No começo, quando fui diagnosticado com Alzheimer, preocupei-me muito e penso que isso até agravou a doença. Depois foi como sumir. A sensação é muito estranha, incômoda, triste, dolorosa e deprimente. Não gosto nem de lembrar. Às vezes, ao recordar, começo a sentir como se ainda estivesse encarnado. Vou responder à sua pergunta: a dor sempre tenta ensinar. Aprendi que necessitamos sempre um do outro. Quando ajudamos, somos ajudados. No meu caso, muito particular, penso *que as doenças me ensinaram a não ficar indiferente às dores alheias.*

— Você tem planos para o futuro?

— Sim, quero ser mais útil, ir trabalhar logo que me for possível nas enfermarias e aprender a lidar com os doentes. Este é meu plano concreto, posso realizá-lo. Tenho outro: estudar muito aqui no Plano Espiritual, pedir para reencarnar, estudar encarnado, formar-me para ser médico e descobrir um modo de curar o Alzheimer. Será que meu sonho é irrealizável?

— Não, meu amigo — respondi. — Nenhum sonho é impossível quando nos esforçamos para realizá-lo com estudo e trabalho. Você poderá trabalhar e estudar na espiritualidade, e então reencarnar com planos de ser útil. Quanto ao mal de Alzheimer, muitos estudiosos pesquisadores têm incansavelmente trabalhado para encontrar uma maneira de amenizar seus sintomas. Provavelmente, logo teremos boas notícias. Porém, todas as doenças necessitam de atenção, principalmente os conflitos espirituais que fazem o corpo físico adoecer. Desejo a você êxito em seus estudos e que comece já, porque é fazendo que um dia possamos dizer: fiz!

— Vou pedir para aumentar minhas horas de trabalho de seis para oito horas diárias, ajudo na limpeza e também no refeitório. Vou ler mais. Você tem razão, se eu somente sonhar e não me esforçar para realizar meu sonho, ele nunca se tornará realidade.

Agradeci a ele e me despedi.

O leitor deve ter percebido que escolhi pessoas diferentes que tiveram a mesma enfermidade. O primeiro, pessoa boa, teve a doença como prova, uma oportunidade de se tornar melhor. A segunda fez muitas ações indevidas, sofreu mais com a doença, desencarnou e foi atraída para o umbral. Socorrida, ainda não conseguiu entender a oportunidade que teve de melhorar com a enfermidade. O terceiro esteve como a maioria dos espíritos que estagiam na Terra: tem condições de servir, ser útil, mas prefere a comodidade, a facilidade de ser servido. Poderia ter feito o bem e não fez. Ele me disse: *"não fazer o que pode ser feito dá sensação de vazio"*. Concordo com ele. É o vazio do bem que poderia ter sido realizado e não foi.

Os motivos são muitos para estar enfermo, isto para doenças que causam muitos sofrimentos. O importante é ter aprendido a lição administrada pela dor para não senti-la novamente. Devemos nos esforçar para nos tornarmos sadios espiritualmente. E nós nos tornamos sadios quando preferimos sofrer muitas maldades a fazer uma, e receber a injustiça, em vez de cometê-la, quando fazemos o bem sem esperar nada em troca e somos gratos sem exigir do beneficiado gratidão. Nós nos tornamos sadios quando nos amamos e amamos a todos como a nós mesmos, enfim, quando seguimos na prática os ensinamentos de Jesus. Então, espírito são, corpo sadio.

CAPÍTULO 5

ASSASSINADOS

Ser assassinado é ter a vestimenta física morta por alguém. Ou ser privado de continuar no Plano Físico pela vontade de outra pessoa. Nesses casos, quase sempre o desencarne se dá com violência. Embora existam muitas maneiras de eliminar pessoas, o retorno dos assassinados ao Plano Espiritual difere muito mais.

Encontrei-me com Fábio e Alice. Recebi-os na minha salinha, no meu cantinho, como gosto de me referir ao espaço de que disponho numa colônia onde resido. Ali tenho um sofá, poltronas, escrivaninha e uma estante repleta de livros.

Quando todos se acomodaram, iniciei a entrevista.

– *Como ocorreram suas desencarnações?*

— Penso agora que ser assassinado é uma maneira de vir para o Além. Quando ocorreu, foi um susto. Não acreditava que ele pudesse atingir-me. Foram três tiros no peito, dor alucinante, falta de ar, sangue na boca e apaguei. Meu último pensamento foi: "Ele me matou!".

Foi Fábio quem respondeu, uma pessoa muito simpática, risonha, desencarnou com vinte e oito anos e atualmente era morador de uma colônia. Olhei para Alice, convidando-a a falar. Alice é uma moça muito bonita, com sorriso encantador.

— Fui ameaçada muitas vezes por meu marido, que era muito ciumento e via rivais em todos que se aproximavam de mim. Tinha dois filhos e os amava muito. Por eles, tentei agir do modo como ele ordenava para não haver brigas. Mas, às vezes, era surrada por ter atendido a porta. Cansei de viver com ele e resolvi me separar. Então houve as ameaças. Fui procurar um advogado e me envolvi sexualmente com ele. Ao saber, meu marido me assassinou com várias facadas. Os ferimentos doeram, perdi sangue e escutei meus filhos gritarem. Ele fugiu e vizinhos me socorreram; fui levada para o hospital, aonde meu corpo físico chegou morto.

— O que lhes sucedeu depois da morte de seus corpos físicos? — perguntei.

— Acordei num local estranho — contou Fábio. — Deduzi que deveria ser um hospital. Tinha a certeza de que tinha morrido porque vi e senti os três tiros. Não estava ligado a nada, não tomava soro, não tinha aparelhos por perto e não sentia dor. Levantei a ponta do lençol e abri a camisa do pijama: nenhum ferimento. "Será que sonhei?", indaguei a mim mesmo. "Se sonhei com os tiros, por que acordo neste lugar que não conheço?" Pessoas vieram conversar comigo e fiquei mais confuso ainda. Até que perguntei a uma moça: "Será que isto é morrer?". Ao vê-la sorrir em resposta, senti um frio na barriga e arrisquei mais uma pergunta: "Se morri, será que posso ver *minha avó Nena?". E tive certeza de que havia mudado de plano quando ela falou: "Vou chamá-la, a senhora Nena ficará feliz ao vê-lo bem". E aí... Posso continuar contando?*

— Pode sim, Fábio — pedi.

— *Abracei minha avó e ela me contou que meu corpo físico havia morrido e que meu espírito fora trazido por amigos para um local muito bonito e que logo estaria bem. Porém, advertiu-me: "Não fique com dó de você e não queira revidar. Você veio para cá, um lugar bom, é como o Céu. Mas aqui ficam somente as pessoas boas, entendeu? Não alimente a autopiedade! Antes ser assassinado do que ser o assassino!". Entendi. Porém, fazer o que foi entendido é outra coisa. Mas acabei acatando os conselhos de vovó. O tempo passou e me adaptei.*

— Quem o matou? Você conhece? — perguntou Alice, curiosa.

— *Meu irmão!* — respondeu Fábio. — *Eu era o mais velho dos filhos, éramos três. Estava noivo, com data marcada para casar. Sentia-me feliz, amava e era amado, e gostava imensamente da vida. Trabalhava, era um homem honesto, mas com dificuldades na família. Tinha uma irmã casada e o caçula, na época com vinte e três anos, que se envolveu com drogas aos dezesseis, acabando com o sossego do nosso lar. Havia brigas, ele nos roubava, vivíamos sobressaltados. Naquela noite, estava em casa, não saí porque estava com dor de cabeça. Escutei a discussão e me levantei: era meu irmão querendo dinheiro para se drogar, queria obrigar meu pai a lhe dar. Fui defender papai e meu irmão tirou um revólver do bolso e me ameaçou. Não julguei que fosse capaz, fiquei na frente do meu genitor e ele atirou.*

— Sabe o que aconteceu com ele, com seu assassino? — perguntou Alice.

— *Sei. Meu irmão, depois que atirou, correu e se escondeu no seu quarto. Meu pai desmaiou e minha mãe chamou a ambulância. Ela ficou apavorada, mas pensou: "Um filho morto e outro na prisão!". E fez uma opção: mentiu. Foi ao quarto, deu remédio para meu irmão dormir e repetiu a ele, várias vezes: "Não foi você! Foi um ladrão! Você não viu ou ouviu nada, estava dormindo". Meu corpo físico parou suas funções, meu pai ficou hospitalizado e todos acreditaram em minha mãe. E aquele que me privou de continuar encarnado, com medo, achou que fora a melhor solução e afirmou a mamãe que não queria me matar, que fora um acidente. Papai aceitou a situação pela mesma razão: eu estava morto e o outro, quem sabe depois desta tragédia, se tornaria uma pessoa honrada. Por um tempo, ele ficou quieto, com medo, mas depois voltou a fazer o que gostava: farras, bebidas e drogas. Numa briga, feriu uma pessoa, foi preso e atualmente está na sua terceira prisão por ter roubado. Meu pai está muito doente e concluíram os dois, papai e mamãe, que infelizmente não adiantou mentir, o caçula continua errando.*

— *Alice* — pedi —, *conte-nos, por favor, o que aconteceu a você com a desencarnação.*

— *Não foi fácil!* — Alice suspirou. — *Foi um período difícil e de muito sofrimento. Senti dores e raiva. Confusa, vi meu corpo físico no caixão e o velório. Fui socorrida, antes do enterro, por espíritos bondosos e levada para um posto de auxílio. Não conseguia pensar, escutava os choros dos meus filhos, de minha mãe e de minha irmã. Sentia que estava louca. Não me passou pela mente que pudesse ter desencarnado. Saí do abrigo e fui para minha casa, estava fechada; então fui para o lar de minha mãe, ela morava com minha irmã e cunhado. Lá encontrei meus filhos. Apavorada, entendi que eles choravam por mim, diziam que eu tinha morrido. Foi aí que entendi, embora continuasse muito confusa, que morrera. Fiquei indevidamente sofrendo perto deles. Um dia, escutei minha mãe orando, pedindo para Nossa Senhora me proteger. Orei também e ouvi alguém — no momento, pensei que era mamãe — me pedir para ir ao centro espírita que ficava ali perto. Escutei um espírito amigo de minha mãezinha que tentava me auxiliar. Fui e tudo melhorou. Auxiliada, alimentada e sem dores, ao escutar que meu corpo físico morreu, não me assustei, pois isso já sabia. Porém queria me iludir, pensando que sonhava ou que estava somente doente. Obediente, aceitei a ajuda e fui grata. Dias depois, transferiram-me para uma colônia e aprendi a viver aqui no Plano Espiritual. Hoje, tento ser útil trabalhando, ajudando, como fui ajudada.*

— *O que aconteceu com seu ex-marido?* — Fábio quis saber.

— *Ele fugiu para não ser preso em flagrante. Seu advogado conseguiu que ficasse em liberdade até o julgamento. Ele quis ficar com nossos filhos, mas as crianças não queriam, sentiam medo dele e rancor por ter me assassinado. Ele pediu na justiça para ficar com os meninos. Dizia, para se defender, que eu sempre o havia traído, culpava-me de tudo. Fez até exame de DNA e foi constatado que as crianças eram filhos dele. Numa tarde, meu ex-marido foi buscá-las, minha mãe discutiu com ele, as crianças choravam, e meu cunhado as defendeu. Ele então feriu o esposo de minha irmã com um canivete e fugiu. Como não era mais réu primário, seria preso. Meu cunhado ficou logo bom, e as crianças sossegaram. Elas sentiam muito minha falta, mas minha família as tratava bem, mimavam-nas. Meu assassino fugiu para longe, mudou de nome, comprou falsos documentos. Bom profissional, arrumou emprego e atualmente mora com uma moça e age com ela como fazia comigo.*

— *Quanto tempo você ficou vagando?* — perguntei.

— *Três anos* — respondeu Alice. — *Revoltei-me muito. Não queria ter desencarnado.*

— *Foi difícil para vocês perdoar?* — quis saber.

— *Eu não precisei perdoar!* — exclamou Fábio. — *Foram poucas as vezes que senti raiva do meu irmão. Vovó Nena* me ajudou muito, ficando ao meu lado, me orientando. Porém, senti muito ter desencarnado, ter deixado minha vida física, tudo e todos que amava. Sofri! Mesmo morando numa colônia, lugar lindo, entre pessoas bondosas, preferia estar mil vezes encarnado. Tive que lutar comigo mesmo para não sentir autopiedade. Vovó me dava notícias da família: um ano e três meses depois do meu desencarne, minha noiva, ou ex, já namorava um colega dela de trabalho. Senti-me esquecido. Meu egoísmo fazia com que quisesse ser sempre chorado e lamentado. Vovó me fez compreender que o amor não pode ser egoísta, temos de desejar que o ser amado esteja bem e, se não é possível junto, que seja feliz longe. Acabei me adaptando e hoje estou bem. Mas, com sinceridade, preferia estar encarnado.

— *Eu perdoei porque foi necessário* — admitiu Alice. — *Cansada de sofrer, entendi que seria perdoada conforme perdoasse. Somente após estudar, assistir palestras e ler bons livros que compreendi o sentido do perdão e o perdoei de fato.*

— *Perdoaram a ponto de amá-los?* — indaguei-os.

— *Sempre gostei do meu irmão e continuo amando-o* — respondeu Fábio. — *Desejo muito que ele se redima.*

— *Eu quero que meu ex-marido se torne uma boa pessoa, ele é pai dos meus filhos. Não queria que continuasse ciumento. Não lhe desejo mal* — respondeu Alice.

— *Vocês sabem por que tiveram uma desencarnação violenta?* — fiz mais uma pergunta.

— *Sinceramente* — disse Fábio —, *devo ter sido homicida em vidas passadas. Eu não me arrisquei quando fiquei na frente de meu pai, não acreditava que ele fosse atirar. Meu irmão não gosta de pensar no que aconteceu. Ele não tinha intenção de me matar, apenas atirou; quando lembra do ocorrido, chora, realmente não quis me ferir. Não me interesso pelo passado, quero viver o presente de tal forma que meu futuro seja de paz.*

— *Não sei de minhas encarnações anteriores* — contou Alice. — *Para mim, bastam as lembranças desta vida! Tenho pensado que foi pelas minhas atitudes que isso me aconteceu. Meus pais não queriam que namorasse essa pessoa que veio a ser meu esposo, fizeram de tudo para me alertar. Teimei e não os atendi. Via seu ciúme como um sinal de seu amor. Era uma negra muito bonita, exibida, vaidosa, gostava que me olhassem, admirassem e, no começo, gostava de vê-lo sofrer com o ciúme. Foi depois dos exageros que não gostei mais. Se eu fosse prudente, não iria namorá-lo e, uma vez que o estava namorando, não deveria tê-lo instigado com minhas atitudes. Fui imprudente!*

— *Quais são seus planos para o futuro?* — uma pergunta que gosto de fazer.

— *Quero aprender a ser prudente!* — respondeu Alice.

— *Ser uma pessoa útil!* — exclamou Fábio.

Despedimo-nos. Acompanhei-os até a porta e vi Lineu.

— *Antônio Carlos!* — cumprimentou-me, sorrindo alegre. — *Fazendo um trabalho diferente?*

Lineu é um ser especial, uma pessoa que é sempre um prazer de ver, conversar. Feliz, transmite alegria. Expliquei rapidamente o que estava fazendo.

— *Muito bom!* — exclamou Lineu. — *O senhor sabe a causa de eu ter retornado ao Plano Espiritual? Não sabe? Não falei? Fui assassinado!*

— *Então, por favor, me responda umas perguntas.*

Entramos, e Lineu, sorrindo — nunca o vi sério —, esperou pelas perguntas.

— *Como se deu sua desencarnação?*

— *Tiros foram a causa do meu corpo físico ter parado suas funções* — respondeu Lineu.

— *Causas?* — indaguei.

— *Não teve. Ou teve? Estava com dezoito anos, trabalhava e estudava. Minha família era pobre e numerosa, mas era feliz. Numa noite, fui comprar pão para minha mãe no bar perto do barraco em que morávamos. No local, como sempre, estavam umas pessoas bebendo, e três homens encapuzados entraram e atiraram em todos. Desencarnei. Neste ato, não houve motivo. Ainda bem! Mas nada acontece por acaso, então houve motivo, sim. Assassinei em encarnação anterior e, nesta, recebi a reação.*

— *Depois que seu corpo físico morreu, o que lhe aconteceu?*
— *Tudo normal* — respondeu Lineu, tranquilo.

A desencarnação deveria ser sentida por todos como um acontecimento normal, porque o é. Encarnar e desencarnar fazem parte de nossa vida. Depois de compreendermos este ato na teoria e o provarmos na prática, então será algo como dormir e acordar. Lineu não me surpreendeu, mas nos dá um belo exemplo. Se um pode, todos podemos. E se me perguntarem qual é meu plano para o futuro, responderei: "Vivenciar fatos naturais como normais e um deles é: a desencarnação".

— *Como foi a sua volta ao Plano Espiritual?* — insisti.
— *Tranquila!* — exclamou Lineu e ainda bem que completou: — *Senti-me tontear com os tiros. O que recordo foi ter ouvido gritos e o cheiro de pólvora e sangue. Eu me levantei com meu corpo perispiritual, vi meu físico caído e, então, um senhor, um espírito bondoso, pegou na minha mão e acordei num leito disposto e alegre. Soube da minha mudança de plano e achei maravilhoso não ter Inferno nem descanso eterno. Adaptei-me logo. Voltei para casa! Para o Além!*

— *Sabe o que aconteceu com seu assassino?*
— *Foi um dos três. Nos primeiros anos aqui, não me interessei por eles. Depois, achei que deveria fazer algo por aqueles homens e obtive notícias. A chacina ocorreu por desavença entre grupos: o alvo seria as quatro pessoas que bebiam, e*

os outros três que ali estavam, o dono do bar, uma senhora que ali trabalhava e eu, morremos para não haver testemunhas. Um dos três era o chefe de um bando e foi, dois anos depois, assassinado; o segundo levou um tiro e ficou tetraplégico; e o terceiro está preso. Fiquei com muita dúvida. Não bastava simplesmente visitá-los. Para ajudá-los, necessitaria empenhar-me bastante. Ajudaria o que se encontra na prisão sendo um socorrista, trabalhando na penitenciária e dando assistência a todos os confinados. O que está no umbral, auxiliaria se fosse para lá, trabalhar naquelas profundezas. O segundo, ajudaria se servisse entre os encarnados, no Plano Físico. Não dava para dar assistência aos três juntos, teria que fazer opções. Embora sabendo que é importante aprender as diferentes maneiras de ser útil e que todos os trabalhos são importantes, nenhuma dessas três tarefas me atraía. Depois, nenhum dos três lembra que me assassinou, nem que existo. Eles recordam que eliminaram rivais e não sentem ainda remorso, não querem auxílio daqueles que consideram bons. Meditando, conversando, resolvi somente orar por eles e desejar que se arrependam.

— O que faz, Lineu? Como ocupa seu tempo?

— Oito horas por dia, trabalho com crianças e jovens no Educandário. Como gosto de estar com eles! Dedico-me aos estudos por sete horas. Tenho três horas livres e aproveito para passear pela colônia, como agora, e, nas seis restantes, vou a uma enfermaria alegrar os recuperados.

— Você é alegre, de onde vem esta alegria? — perguntei.

— Não sabe? Ah, sim, a entrevista! Sou feliz! Consegui ser feliz fazendo o bem, sendo útil. Atos externos não me afetam. Quando encarnado, passei pela falta de muitas coisas: teve época em que até fome meu físico sentiu, mas continuava alegre, intimamente estava feliz. Não saio desta faixa tranquila nem com acontecimentos bons, nem com os ruins. Escuto muitas *lamentações e continuo feliz, transmitindo alegria, porque, se fico triste, aumento a tristeza do outro. Minha mãezinha, quando fala de mim, diz: "Meu alegre Neuzinho!". Eles sentiram e sentem minha falta. Tive merecimento de ajudá-los. Que bênção! Mudaram daquele bairro perigoso, meu pai está com um bom emprego, meus irmãos mais velhos trabalhando. Tudo certo!*

— Quais são seus planos para o futuro?

— Não faço planos! O presente está ótimo! Mas pretendo continuar servindo, estudando, sendo útil e sempre feliz — respondeu Lineu e ofereceu: — Antônio Carlos, na enfermaria a que vou, cuido de Cléa, uma senhora que foi assassinada. Ela sofreu e sofre muito por isso. Se quiser, levo-o lá para conversar com ela.

Assim, quinze minutos depois, estava diante de um leito na enfermaria do hospital da colônia, na ala feminina.

— Cleazinha! — chamou Lineu. — *O dia está radiante e ficará mais ainda quando você for ao jardim enfeitá-lo juntamente com as flores.*

Ele puxou o lençol, descobrindo-a, puxou-a pela mão, a fez levantar e a ajudou a se arrumar dando palpites como: "ajeite os cabelos", "coloque as sandálias", "alise a saia".

— Cléa, este senhor se chama Antônio Carlos, é escritor! Isso mesmo! Escreve livros nas horas vagas, trabalha lecionando e irá conosco ao jardim. Ande, menina! Nada de moleza!

Cléa abriu a boca para falar por duas vezes, mas Lineu, falando sem parar, não lhe deu chances. Fomos ao jardim e Lineu se despediu:

— Até logo! Aproveitem o dia maravilhoso para conversarem.

Cléa riu e comentou:

— *Somente Lineu para me fazer rir! Então, você escreve livros? Para encarnados ou para desencarnados?*

— *Escrevo para todos* — respondi. — *Meus livros estão nas bibliotecas aqui do Plano Espiritual, e os moradores temporários do Plano Físico têm acesso a eles porque uso da mediunidade para ditá-los. Estou, no momento, organizando um trabalho de entrevistas. Lineu me contou que você deixou sua vestimenta carnal por assassinato. Se quiser me fazer um favor, poderia ajudar-me respondendo algumas perguntas.*

— *Tudo foi muito triste!* — lamentou Cléa. — *Um horror! Pergunto sempre: O que acontecerá com aquele assassino? Sabe que ele é protegido? Quis me vingar e não consegui porque dois desencarnados horrorosos ficam perto dele. Na primeira vez que me aproximei, me surraram e avisaram para ficar longe. Na segunda, me levaram para o umbral! Foi terrível!*

— *Como foi sua desencarnação?* — Sentindo que ela ia dizer novamente "Um horror!", completei rápido: — *Como seu corpo físico foi ferido?*

— *Dois tiros, um no pescoço e outro no abdômen. Morri, ou meu corpo carnal morreu, de hemorragia. Senti os tiros, uma dor alucinante, sangue jorrando e não vi mais nada. Acordei muito tempo depois num lugar estranho, agora sei que era o umbral, levantei-me e fui para casa. Que decepção!*

Cléa deve ter sido desligada, isto é, seu espírito deixou sua vestimenta carnal com ajuda de algum socorrista ou até mesmo dos desencarnados que ela diz ficarem perto do assassino, ou então foi atraída para lá pela lei da afinidade. Esteve no umbral, na parte amena, muito próxima ao Plano Físico. Voltou ao seu antigo lar volitando. Embora não soubesse usar este meio de locomoção, o fez pela vontade.

— *Por que se decepcionou ao voltar para seu antigo lar?* — quis saber.

— *Era viúva, não tive filhos, morava sozinha, os únicos parentes que tinha eram quatro sobrinhos. Quando voltei à minha casa, meus sobrinhos tinham se desfeito de tudo, levaram móveis* e entregaram o imóvel para o locatário. A casa estava com diversas placas para alugar. Nada restou!

— Não era natural isso ocorrer?

— Talvez! — suspirou Cléa. — Eu pagava aluguel direitinho, como todas as minhas contas, com meu dinheiro, com o que recebia de aposentadoria. Certamente meus sobrinhos não quiseram arcar com estas despesas, já que eu não iria receber mais. Achei que eles se desfizeram dos meus pertences rápido demais. Mas o aluguel, assim como contas de luz e água, venceram. Três dias depois que morri, eles se reuniram, foram ao meu lar, repartiram o que acharam ser útil e doaram o resto. Fiquei muito triste em ver a casa vazia, mas, não tendo para onde ir, fiquei lá. Alguns desencarnados que encontrei me falaram que morrera. Não acreditava. A morte não era daquele modo. Não estava gostando de ficar no meu ex-lar sem os móveis, mas não queria ir para casa de ninguém, então decidi que deveria ficar com o assassino e fazê-lo sofrer como estava sofrendo.

— Por que ele a assassinou? — fiz mais uma pergunta.

— Pura maldade! — respondeu Cléa, mas resolveu explicar. — Gostava de observar tudo que ocorria na vizinhança. Tinha de avisar a uns como agiam os outros, tudo o que acontecia na redondeza, como o senhor José, que era traído; a filha da Rosa, que saía com homem casado; a... Bem, talvez fosse um pouco fofoqueira. A minha morte! Foi assim: estava olhando por um dos meus observatórios, tinha vários: a janela de um quarto dava para ver o lado direito da rua; a da sala, o esquerdo. Naquela noite, olhava por um buraco do portão, quando vi Azulão, apelido de um rapaz que morava no outro quarteirão, entrando na casa de Esmeralda, que estava viajando. "Desaforo! Ele vai roubar!", pensei. Abri o portão e me dirigi rápido para lá. Agi por impulso, fui ingênua, não deveria ter me intrometido, mas chamado a polícia. Mas a polícia *sempre demora. Pensei em lhe dar um sermão: falando com ele, resolveria o assunto. Parei na frente da casa, chamei-o e entrei. Azulão deixara o portão destrancado. O moço se assustou ao me ver. Falei, autoritária: "Ladrão safado! Que faz aqui? Saia de imediato!". Ele se recuperou do susto, sorriu e atirou em mim. Depois correu, deixando-me caída. Vizinhos ouviram tiros, mas não se incomodaram. Um moço vizinho, que chegava de um baile, ao passar e ver o portão da casa de Esmeralda aberto, espiou curioso, e me viu caída. Gritou. O socorro veio tarde, estava morta. Concluíram que eu devia ter visto o portão aberto e ter ido fechá-lo, sendo surpreendida por um assaltante. Ninguém ficou sabendo quem me matou. Mas eu sei, e ele também sabe. Não me conformo por ele estar livre como se nada tivesse acontecido. Não será punido?*

— Com certeza será — afirmei. — *Respondemos sempre por tudo que fazemos.*

— *Espero e quero que isso aconteça! Porém, penso que será difícil. Você precisa ver aqueles dois desencarnados que ficam perto dele, são terríveis!*

Concluí que os dois acompanhantes de Azulão não eram obsessores, porque, se fossem, Cléa, querendo se vingar, seria bem-vinda. Protetores? Quando usamos o termo "proteção" referimo-nos àquele que cuida, realmente ajuda. Mas o auxílio que se pode receber difere nas pessoas e ocorre também com aqueles que agem imprudentemente. Espíritos afins se unem para fazer o que querem. Um fato comum é desencarnados que gostam de bebida alcoólica sugarem o hálito do bebedor do Plano Físico e, da maneira deles, o protegerem. Escutamos sempre: "bêbado faz coisas incríveis!". Porém, esta proteção é limitada. Esses protetores imprudentes podem afastar outros desencarnados como Cléa, mas não podem com aqueles que são realmente maldosos, nem com espíritos bondosos, mas estes somente interferem se houver pedido. E, assim, ficam juntos, usufruindo de prazeres afins. Mas chegará um dia em que o encarnado terá de vir para o Plano Espiritual ou seus companheiros se cansarão do seu modo de viver. Cléa não conseguia ainda entender que recebera a reação de seus atos e não se conformava pelo seu assassino não receber o castigo que julgava merecer. Mas nada fica pendente, onde houve desequilíbrio tem de haver o equilíbrio.

Minha entrevistada ficou por trinta minutos contando sua vida e repetiu como foi sua mudança de plano, o que sofreu no umbral e que a incomodou muito ficar suja. Não fiz a última pergunta: planos para o futuro. Ela iria demorar um tempo para compreender o básico: que reencarnamos muitas vezes, e a Lei da Ação e Reação. Não estava preocupada com o futuro, mas com o passado. No presente, queria somente ser servida porque se julgava necessitada e os outros tinham que cuidar dela.

— *Estou cansada! Quero dormir!*

Acomodei-a no leito e voltei aos meus afazeres.

CAPÍTULO 6

HOMICIDAS

Homicidas são aqueles que, no Plano Físico, matam, eliminam a vida de outras pessoas, privam alguém de continuar encarnado. Sacrificam uma vida preciosa, anulando-lhe a oportunidade de continuar a usar, nessa existência, a vestimenta carnal. Matam o corpo, mas o espírito sobrevive, e ambos, assassino e assassinado, voltam para o Plano Espiritual.

Fui ao umbral, uma das moradas que temos na espiritualidade. Este recanto da zona umbralina é árido, nele reinam a agonia e o desespero. É uma área desprovida de beleza, somente com tênue claridade, tem muitas pedras cinzentas, lamas e odor de podridão. Ali estavam agrupados alguns homicidas. Normalmente, encontramos aqueles que foram assassinos, no Plano Físico, em diversos locais no Plano Espiritual: arrependidos, que podem ser auxiliados em postos de socorro e colônias, e alguns ainda endurecidos pelo umbral. Mas podemos encontrá-los em grupos, de certa maneira têm afinidades. Acompanhava-me Luiz, um socorrista que incansavelmente trabalhava neste recanto e foi ele que me mostrou:

– Aquele ali é o Tiro Certo!

Olhei para o local indicado e vi um desencarnado sentado numa pedra. Observei-o. Quase todos os espíritos que temporariamente estão naquele local de sofrimento estão sujos, e os aspectos variam. Pode-se achá-los feios porque estão em farrapos, normalmente descabelados, unhas grandes, olhares vagos... Mas, se aprendermos a vê-los como nossos irmãos e sabemos que Deus está neles, passamos então a enxergá-los como pessoas que muito erraram e que tentam se equilibrar pela dor. Tiro Certo estava, como todos ali, e ele via seus crimes e sentia a dor que provocou.

– Não vou deixá-lo me ver – falou Luiz. – *Sou conhecido e estou sempre conversando com eles, motivando-os a praticar o perdão, a se modificarem para receber ajuda. O trabalho é muito, minha área de auxílio abrange este pedaço enorme. Diariamente, por dezoito horas, fico por aqui e socorro poucos, em média três por mês.*

Luiz trabalhava sozinho, uma tarefa de semeadura, de preparação, por isso levava poucos para o posto. Socorros maiores são realizados por grupos de tarefeiros que passam por todos os recantos da zona umbralina. Ele mora num posto de socorro localizado ali perto. Admirava-o. Existem muitas maneiras de ser útil, e algumas tarefas, como a de Luiz, não são fáceis. Isso é o que penso e ainda bem que gostos diferem. Mas muitos pensam como eu, e faltam sempre socorristas no umbral. Os trabalhadores são poucos em todas as atividades nos dois

Planos, Físico e Espiritual. A quantidade dos que querem ser servidos é muito, mas muito, maior.

— Luiz, sabe quantos vagam nesta região? — perguntei.

— *Refere-se a este agrupamento? Creio que mais de três mil atualmente e tem aumentado. Se socorro cinco, logo temos mais seis ou sete. Você quer conversar com ele agora?* — Como respondi afirmativamente com a cabeça, Luiz explicou: — *Vamos juntos doar energias salutares a ele para que possa se sentir melhor. Com nossas doações, ele momentaneamente deixará de ver seus crimes e assim poderá responder às suas perguntas. Não quero que ele me veja, por isso ficarei atrás daquela pedra.*

Nós dois, Luiz e eu, concentramo-nos naquele desencarnado, querendo ajudá-lo. Ele suspirou aliviado, as dores que sentia pelos ferimentos que causou foram amenizadas. Ele me viu e perguntou:

— *Foi você quem me tirou aquelas imagens? Por quê? É um carrasco? Não me lembro de tê-lo matado. Algum parente de vítima?*

Mesmo sofrendo naquele lugar, eles recebem algumas visitas. Podem ser pessoas que os amam, beneficiados ou aqueles que não os perdoaram e que vão lá conferir se estão padecendo ou para aumentar suas dores.

— *Não fui assassinado, estou visitando o local para estudo* — esclareci.

— *Aposto que é um bonzinho! Assassino arrependido?*

— *Não sou assassino!* — afirmei.

Porém, pensei, não o fui em minhas últimas encarnações. Mas será mesmo que nunca fui? Sorri. Sentei-me a seu lado e perguntei:

— *Como você se chama?*

— *Tiro Certo.*

— *Seu nome? Chamo-me Antônio Carlos.*

— *Prefiro que me chame assim, mas, se quer saber, meu nome é Sebastião.*

— *Estou fazendo um trabalho de entrevistas. Se fosse possível, gostaria que me respondesse algumas perguntas* — pedi.

— *Enquanto responder ficarei me sentindo melhor?* — Como afirmei que "sim" com a cabeça, ele continuou a falar: — *Então respondo. Faz muito tempo que não fico assim, sem ver e sentir meus crimes.*

— *Realmente, você poderia se sentir melhor, se quisesse.*

— *Sei o que significa este "realmente": é "de verdade". Para ficar bem, teria de ser verdadeiro, somente querendo me safar, não daria certo.*

— *Você não se arrepende?* — quis saber.

— *Sabia enrolar as pessoas, mas aqui não dá certo. Sinceramente, algumas pessoas que matei, não faria de novo, mas outras ainda mataria.*

— *Conte, por favor, como foi sua vida encarnado.*

— *Era o mais velho de três irmãos* — contou Sebastião. — *Estava com oito anos quando meu pai foi assassinado numa emboscada. Minha mãe logo se casou com outro homem, que a surrava. Prometi matá-lo. Fugi de casa com doze anos, fui procurar um bandido famoso que morava a uns duzentos quilômetros do lugar em que residia. Pedi a este homem para me ensinar a matar. Fiquei com ele como empregado e ele me ensinou a usar a faca e a atirar. Com quinze anos voltei. Minha mãe fora muito bonita, mas estava maltratada, ela me contou que meu padrasto ainda batia nela e que descobrira que fora ele que matara meu pai, isso porque havia se apaixonado por ela. Mamãe me contou também que ficava com ele porque ameaçava nos matar. Três dias depois, eu o matei, fiz uma emboscada e atirei nele. Frio, calculista, passei a trabalhar com o bandido, porém não gostava de roubar, então me afastei de meu patrão aos dezessete anos e me tornei um matador de* aluguel. Também trabalhava, fazia serviços de carpintaria. Assim, obtive dinheiro para dar uma vida melhor para minha mãe e irmãos, e fui matando...

— Quantas pessoas você matou? — perguntei.

— Ao longo de trinta anos de serviço, eliminei vinte e uma pessoas — respondeu Sebastião.

— Matou pessoas que nada tinham a ver com você?

— Como não? Para matar, tem que haver motivos, não tem? Claro que tem! Matei somente duas pessoas por motivos particulares. O assassino de meu pai, carrasco de minha família, o mataria mais umas vinte vezes. Eliminei também um homem que estava incomodando minha irmã, ela era bonita como fora minha mãe. Meu cunhado estava temeroso e, antes que esse cara os prejudicasse, acabei com ele. O restante foi trabalho! Cobrava conforme o grau da dificuldade. Não casei para não ter família, sabia que um dia seria preso ou assassinado.

— Como fazia para haver causa, ter motivos? — continuei com a entrevista.

— Todos têm defeitos, ou seja, vícios! — exclamou ele. — Era só saber o que a pessoa marcada para morrer fazia de errado para que eu a odiasse e achar justa a execução.

— Como assim? — quis saber mais sobre o que Sebastião pensava.

— Ora! Um traía a mulher e gastava dinheiro do sustento da família; o outro matara o filho de alguém e merecia ser eliminado; aquele era sovina; aquela impedia a felicidade da outra e assim ia arrumando motivos...

— Qual destes crimes você acha que não foi justo no seu conceito?

— Quando matei um casal para os dois filhos ficarem com a herança. Aqueles pais eu não mataria de novo.

— O que sentia quando assassinava? — perguntei.

— *No primeiro, que foi meu padrasto, senti-me aliviado, dei sossego à minha família, minha mãe pôde ficar tranquila. Em alguns casos, senti raiva; em outros, encarava como um trabalho, fazia o serviço para quem não tinha coragem de fazer. Nunca torturei ninguém, eliminava com um tiro certo, daí meu apelido.*

— *Se você tivesse torturado, sua situação seria pior?*

— *Claro que sim!* — exclamou Sebastião. — *Quem pratica a crueldade torna-se pesado e, quando o cruel morre, vai para as profundezas. Um colega de profissão, matador também, quase sempre fazia o serviço com maldade, sempre que possível torturava a encomenda, ou seja, a vítima. Ele está num local bem pior que esse.*

— *Como sabe?*

— *O cara que fica por aqui tomando conta, ajudando, me contou.*

De modo peculiar, Sebastião descreveu corretamente a crueldade. Este sentimento marca profundamente o perispírito, desarmoniza-o e, para se harmonizar, quase sempre é por muito sofrimento. O "cara" a que ele se referiu era o Luiz. Ficamos calados por uns instantes, depois voltei ao meu questionário:

— *Como desencarnou?*

— *Você quer dizer, como morri?* — Como respondi afirmativamente com um gesto, Sebastião contou: — *Foi numa emboscada. Contratado para eliminar uma pessoa, um fazendeiro, alguém me viu pela redondeza e contou a ele. Achando que poderia ser ele a vítima, me esperou com jagunços. Foram vários tiros, alguns certeiros, e vim para cá.*

— *Como foi seu retorno ao Plano Espiritual?*

— *Você está me gozando?* — Sebastião me olhou enfurecido. Neguei, com um gesto de cabeça, e continuei tranquilo. Sua raiva passou, e ele respondeu: — *Fiquei sentindo dores horríveis nos ferimentos, sabia que poderia ter morrido, mas continuava* vivo, julguei estar no Inferno. Sabia que viria para o Inferno e vim. Já me falaram que nada dura para sempre e que aqui não existe fogo, mas os sofrimentos são muitos. Demônios! Estes vêm aqui para castigar os que aqui estão sofrendo, mas eles são outros perdidos como eu. Sabe o que me apavorou? Percebi que eu sou um demônio! Tinha medo do coisa-ruim e sou um.

— Você recebe visita destes espíritos que castigam? — quis saber.

— Não, as pessoas que eliminei ficaram com ódio de quem mandou, pagou. Eu fui somente o meio, a causa foi do outro. Aquele ali — Sebastião mostrou um desencarnado que estava a uns sete metros de distância — recebe muitas visitas que o maltratam bastante. O cara que está sempre por aqui as afasta, mas, às vezes, este ajudante está longe.

— Você disse que eu lhe dei um certo alívio, que por isso está conversando comigo. Como se sentia antes?

Sebastião novamente me olhou raivoso, mas se desarmou ao me ver tranquilo. Pensou um pouco e respondeu, falando devagar.

— Vejo meus crimes, vejo-me atirando e sentindo os tiros que feriam o eliminado. Se foi na cabeça, sinto o ferimento, o sangue escorrendo, a dor, a angústia de ser assassinado. É uma sequência. Às vezes, consigo dormir, mas sinto fome, sede e frio. E não adianta me dar o que comer, não consigo me alimentar, e água nenhuma me tira a sede. É castigo mesmo!

— Você se refere às pessoas que assassinou usando o verbo "eliminar", por quê?

— "Eliminar" é expulsar, e o que fazia era tirar o sujeito de circulação — respondeu.

— Quais são seus planos para o futuro? — perguntei.

Sebastião ensaiou um sorriso.

– *Futuro? Não sei. Tenho que pagar pelos meus crimes, vinte anos para cada um. Tem muito tempo.*
– *Quem lhe condenou?*
– *Precisa de alguém? Não basta a gente mesmo? Se tivesse sido julgado pelos homens seria isto, vinte anos para cada crime.*
– *Penso que não precisa tanto!* – afirmei. – *Você pode ter opção de se educar, estudar, fazer o bem e...*
– *Pena alternativa?* – Sebastião interrompeu-me.
– *Sim* – respondi.
– *Pode dar certo com quem pensa com sinceridade em não fazer atos errados de novo, mas, no meu caso, não sei.*
– *Você não se lembra de Deus? Já ouviu falar de Jesus?*
– *Lembro-me de Deus e acho justo o castigo que me deu. Ele disse para não matar. Sei algumas histórias de Jesus.*

Minha vontade era de tentar convencê-lo, socorrê-lo, porém aprendi uma coisa nestes anos em que estou na espiritualidade: fruto colhido antes do tempo não tem serventia. Um socorrista como Luiz tem que ter preparo, porque a vontade que se tem é de socorrer todos os que sofrem, porém a dor ensina, e nem sempre dá certo privar alguém do aprendizado. Sebastião foi sincero, não se arrependera de todos os crimes, mataria de novo se voltasse no tempo. Estava ali para aprender a não eliminar, não expulsar ninguém do Plano Físico. Porém, os vinte anos para cada crime, como ele mesmo estipulou, não serão taxativos, quando mudar a maneira de pensar, o socorro virá para ele. Ofereci água e pão.

– *Tome e coma, isso o saciará.*
– *Você está indo embora? Voltarei ao pesadelo?*
– *Creio que ficará um bom tempo assim. Aproveite para pensar, talvez resolva se modificar.*

Sebastião agradeceu, também agradeci e ele se afastou. Observei o espírito que ele me mostrou, o que recebia muitas visitas para castigá-lo. Luiz aproximou-se de mim e, percebendo meu interesse por aquele desencarnado, me esclareceu:

– Esse homem foi um serial killer. Ele faz gestos e, se quer ver o que ele vê e sente, observe-o melhor.

Seguindo as orientações de Luiz, pude ver suas visões, ele matava uma moça devagar. Não quis mais ver e enxuguei meu rosto, não consegui segurar as lágrimas. Senti a brutalidade e tive dó da moça que fora vítima e também do criminoso. Luiz explicou:

– Infelizmente, não iremos conseguir, como Sebastião Tiro Certo, fazer esse desencarnado ficar livre de seus tormentos para que converse com ele. Sua história é a de um homicida frio e cruel. Ele, com quinze anos, cometeu o primeiro assassinato. Tinha prazer em matar e, quanto mais a vítima clamava por piedade, mais se excitava. Ele vê, como um filme sem fim, seus crimes bárbaros. Já faz anos que aqui está e, nos primeiros, ele ainda sentia prazer em ter essas visões, agora está se cansando. Às vezes, é necessário se fartar do erro para depois sentir que errou. Várias pessoas que sofreram com sua maldade não o perdoaram, vêm vê-lo para maltratá-lo. O pai de uma das vítimas é o que mais o odeia.

– Você sabe quantas pessoas ele assassinou? – perguntei a Luiz.

– Não sei ao certo, penso que foram umas dez mulheres.

– Estão aqui outros como ele?

– Sim, e todos em situação de muito sofrimento – falou Luiz.

– Muitos estudiosos encarnados têm pesquisado que assassinos assim são doentes e...

– Um ser comprometido com o mal não é sadio. Espírito doente, corpo físico fatalmente enfermo. Estes estudiosos conhecem somente uma parcela da verdade, não levam em conta a alma que comanda a pessoa. Homicida, assim como este homem que vemos, tem o cérebro diferente porque seu espírito o é.

Uma pessoa assim assassina uma vez e normalmente volta a fazê-lo, é como um vício. Sentem vontade de matar e, se não conseguirem se conter, cometem outro assassinato. Eles se sentem, no momento, poderosos, donos de uma vida, é ele quem decide, naquele instante, se alguém irá ou não morrer.

– O que aconteceria se ele reencarnasse assim?

– Com certeza, assim que lhe fosse possível, mataria novamente, porque ele ainda sente prazer em fazê-lo – elucidou Luiz.

– Uma vez – falei, lembrando de um fato –, quando encarnado, comi muito doce de leite. Era meu doce preferido. Comi tudo que estava na travessa, não deixando nada para meus irmãos. Passei mal, senti enjoo, vomitei e fiquei três dias com dor de barriga, enjoei do doce e não o comi mais. É isto que está acontecendo com ele?

– Com mais intensidade – esclareceu Luiz. – Não é de um doce, de uma gula que ele se lembra. São de maldades que lhe davam prazer. Mas a comparação nos leva a entender. Ele sentirá, um dia, horror de algo que lhe deu prazer. Socorri, na semana passada, um homem que, quando encarnado, pediu para ser preso para não matar mais, sabia que fazia mal, mas não conseguia se conter. Desencarnou na prisão, foi trazido para cá por inimigos, por aqueles que não o perdoaram. Sofreu bastante, arrependeu-se e o socorro veio; está no posto, mas logo irá para um abrigo especial, para se tratar. Para muitos homicidas, o crime é um vício.

– Como pode alguém se viciar assim? – perguntei, indignado.

– Vício é vício! – respondeu Luiz. – A maioria sabe que tem e não consegue parar. Eu fumava, quando encarnado, comecei como brincadeira. Achávamos, meus amigos e eu, bonito estar com o cigarro nas mãos, soltar a fumaça no ar. Viciei-me e passei anos fumando; mesmo doente e sabendo que a causa era o tabaco, não larguei, precisei sentir muita falta de ar para

não fumar mais. O vício de fumar, comparado ao de matar, é quase inofensivo, porque faz mal somente ao físico que se tem obrigação de cuidar. Pessoas como essa que observamos sentiram-se poderosas e gostaram quando mataram pela primeira vez. Saciam-se enquanto matam e, algum tempo depois, começam a querer desfrutar de novo daquele prazer e planejam outro assassinato.

— Muito triste! — exclamei.

— *Concordo com você. Tento dar o melhor de mim neste trabalho. Se pudéssemos dispor de mais tarefeiros... Porque muitos, como ele, quando sentem remorso, este pode ser destrutivo e torna-se um ovoide.*[1]

— No pouco que vi neste pedaço de umbral, não encontrei homicidas que, encarnados, ficaram presos.

— *Normalmente, quando sentem que pagaram pelos seus crimes, sentem-se resgatados* — Luiz me esclareceu. — *Isto não é regra! Muitos resgatam nas prisões, sofrem, se arrependem e, com sinceridade, não cometeriam mais nenhum assassinato. Porém, outros se revoltam e acumulam mais erros. Quase sempre estes, ao mudar de plano, se enturmam com outros iguais e fazem da zona umbralina suas moradias. Mas temos aqui alguns que estiveram presos, mas não fizeram somente a imprudência de tirar a vida física de alguém, cometeram muitos outros erros, arrependeram-se de uns e de outros, não.*

— Luiz, você já viu aqui alguém que tenha sido um homicida ser ajudado por beneficiados?

— *Muitas vezes. Nenhum ato maldoso anula ações boas. Sebastião Tiro Certo foi um bom filho, irmão, ajudou a família,*

---

[1] N.A.E. Ovoides foram descritos por André Luiz em muitos de seus fabulosos livros, que os encarnados têm graças ao trabalho da psicografia de Francisco Cândido Xavier. No Capítulo 6, da obra *Libertação*, temos a definição: "são esferoides vivos, tristes mentes humanas sem apetrechos de manifestação". Se o leitor se interessar sobre o assunto, leia também: *Evolução em dois mundos*. Ambos os livros são de André Luiz, psicografados pelo médium citado e editados pela FEB, Rio de Janeiro (RJ).

fez caridades, distribuía alimentos, comprava remédios para doentes. Recebe orações, pedidos de clemência e até visitas que lhe confortam. Por isso, meu amigo, ele não se encontra enlouquecido e não foi difícil você conversar com ele. Creio mesmo que Tiro Certo irá se arrepender e desejar melhorar bem antes da pena que ele mesmo se impôs. Diferente daquele que vimos, que foi um serial killer, que nada fez de bom.

— Você se lembrou de um fato muito interessante! — exclamei. *— As ações más não anulam as boas! O amor cobre multidões de pecados. A luz clareia as trevas e não o contrário, as trevas não apagam a luz. O ódio não neutraliza o amor. Sábia é a comparação da balança que simbolicamente pesa nossos pecados. Pode alguém, como Sebastião, ter seu prato das más ações mais pesado, mas as atitudes boas permanecem no outro. E serão elas, e seus beneficiados, que o ajudarão.*

— É isso mesmo! — concordou o socorrista.

— E os mandantes dos crimes, como ficam?

— Estão aqui muitos deles. São homicidas. E, como Sebastião disse, o ódio dos assassinados se volta quase sempre para os pagantes. Estes não tiveram coragem, não quiseram se expor, mas quiseram a morte daquela pessoa. E esta foi a causa!

— Luiz, por que escolheu este trabalho? — curioso, quis saber.

— Há muito tempo faço coisas que a maioria não gosta. Encarnado, trabalhava num serviço rejeitado por muitos. No Plano Espiritual, quando pude ser útil, vim para um posto de socorro no umbral, aprendi e, quando apto, vim tentar ajudar os que sofrem por aqui. Gosto do que faço. Aprendo muito, e o aprendizado maior que recebi é: não julgar. Pretendo ficar aqui por muitos anos.

Admiro muito os socorristas que trabalham no umbral. E Luiz tem razão: o que ele aprende nessa tarefa é um tesouro de raro valor, que não lhe será tirado, e, ao contrário cada vez mais, aumentado.

Agradeci e me despedi.

Também visitei um posto de socorro localizado no umbral com o objetivo de entrevistar, por indicação de Luiz, Neucely, uma abrigada que esteve por anos na zona umbralina. Encontrei minha entrevistada numa enfermaria. Após cumprimentos e explicações, a ajudei a se acomodar no leito e me sentei numa cadeira ao lado.

— *Neucely, com você está?* — foi minha primeira pergunta.

— *Se comparar com o que sofri, estou bem, mas ainda me sinto inquieta, com dores e muita tristeza.*

— *Por que está triste?*

— *Remorso* — respondeu Neucely, suspirando. — *"Não matarás" é um dos mandamentos de Deus. O mais importante para mim! Jesus disse: "Não faça ao outro o que não quer para si". Não queria ser assassina. Desrespeitei as leis de Deus.*

— *Se voltasse no tempo, ainda mataria?*

— *Não! De verdade, não faria este ato ruim.*

— *Poderia me contar o que aconteceu?*

— *Chantagem!* — exclamou Neucely. — *Vou lhe contar tudo. Fui uma moça bonita, agradável que sonhava em ficar rica para ter muitas coisas. Não era pobre, mas de classe média. Era adolescente quando minha mãe faleceu e logo meu pai casou-se de novo, não gostei de minha madrasta. Meu genitor passou a me dar uma mesada e fui morar sozinha em outro bairro. Carente, tornei-me amante de um namorado que, meses depois, não me quis mais. Mudei-me para uma cidade grande e me prostituí, tornei-me uma garota de programa. Vivi assim por dois anos. Uma tia, irmã de minha mãe, me chamou para ir morar com ela numa cidade distante da que morava. Fui. Ela, carinhosa, me fez continuar a estudar e me tornou sua herdeira. Namorei, casei e ninguém ali sabia do meu passado, tive três filhos e os anos se passaram. Um dia, fui reconhecida por um homem, e ele me chantageou. Cheguei a lhe pagar por* duas vezes. Então, decidi acabar com aquela extorsão, marquei o encontro num local afastado. Peguei uma arma do meu marido e atirei nele, deixando-o no local. A polícia descobriu o corpo dias depois, ele era procurado, um bandido, e por isso deduziram que havia sido um acerto entre bandos. Pensei que ficara livre, mas este homem tinha uma amante, que foi à minha casa e me ameaçou veladamente. Ela estava hospedada na cidade vizinha, num hotel muito simples. Não esperei pela chantagem, à noite, fui lá e a assassinei. Novamente, a polícia não descobriu nada. Anos se passaram, e meu marido arrumou uma amante, queria separar-se de mim para ficar com ela. Seríamos prejudicados, meus filhos e eu, financeiramente, com a separação. Não adiantaria matar a amante, outra a substituiria. Então planejei e, como se fosse um assalto, matei meu marido. Tudo bem-feito e ninguém descobriu. Mas a vida dá voltas. Meus filhos dividiram a herança, gastaram tudo e ficamos pobres.

— Como desencarnou? – perguntei.

— Um enfarto. Meu corpo físico morreu, e fiquei presa a ele por um bom tempo, depois fui para o umbral e sofri muito. Nenhum dos três que assassinei me perdoou. Vingaram-se, sofreram e me fizeram sofrer. Não deveria ter fingido ser o que não era, se voltasse no tempo, contaria a verdade à minha tia; ela, bondosa, não iria me condenar. Depois, iria dizer ao meu noivo antes de casar. Se ele não me quisesse, nos separaríamos. Um erro foi levando ao outro. E, mesmo quando apareceu esse chantagista, deveria ter contado ao meu marido e não ter cedido à chantagem. Não precisava matar ninguém. Deveria ter aceitado a separação. Com meu esposo encarnado, meus filhos não teriam perdido tudo.

— Você pediu perdão a eles? – fiz mais uma pergunta.

— Pedi sim. Negaram, não me perdoaram.

— Sabe deles?

— Do casal, não sei mais. Meu ex-marido foi socorrido também.

— Você tem planos? — quis saber.

— Quero ficar bem e ter o perdão dos três. Gostaria de aprender para argumentar com eles, principalmente com o casal, para lhes explicar que eles também agiram errado. Não se devem fazer chantagens.

Neucely se queixou de dores. Orei em voz alta, ela me acompanhou e adormeceu mais tranquila.

Ao sair da enfermaria, escutei:

— Antônio Carlos! Posso conversar com você?

Era uma senhora, trabalhadora do posto. Afirmei que sim, acompanhei-a até o pátio e nos sentamos num banco. Ela se apresentou:

— Chamo-me Maria Inês, trabalho nesta casa de amor. Desculpe-me, é que escutei parte da conversa sua com Neucely. Eu queria lhe contar uma coisa.

— Por favor, conte — pedi. — Será um prazer escutá-la, trabalhando aqui, deve ter ouvido muitos problemas dos abrigados.

— Dos que foram homicidas? Sim, escuto "muitos causos".

— Poderia me dizer se você chegou a alguma conclusão sobre o porquê de alguém tirar a vida física do outro? — perguntei.

— Somente escutei de uma pessoa: "porque quis". Do restante, sempre alegam motivos, os mais ouvidos são: paixão, ódio, vingança, "ele ou eu", cobiça, "atrapalhava-me", que não podia ficar vivo depois disso ou daquilo e até do que tinha visto, que merecia. Nenhuma destas desculpas é justificável.

— Maria Inês, no posto estão abrigados muitos que foram homicidas, e os que estiveram presos no Plano Físico?

— Uma vez que se paga pelo crime, não se necessita pagar novamente. Porém, alguns ainda se sentem endividados, pensam que não pagaram o suficiente. As prisões dos encarnados trazem sofrimentos para muitos; outros prisioneiros reclamam, mas se adaptam; e existem os que lá continuam com as maldades, aumentando suas dívidas. Estes últimos que citei, normalmente, quando desencarnam, adaptam-se na zona umbralina. Trevosos lá e aqui, no Plano Espiritual.

– *Gosta do que faz?* – indaguei.
– Gosto sim – respondeu ela.

Maria Inês ficou encabulada. Senti que queria me contar algo e com certeza não estava sendo fácil para ela. Esperei pacientemente.

– *É que... Fui uma assassina!* – exclamou a trabalhadora do posto.

– *Conte-me o que aconteceu* – pedi.

– *Não falo sobre isso há tempos. Sabe que aqui, entre os socorridos, há preconceitos? Abrigados normalmente querem ajuda daqueles que são bons. É difícil para muitos serem auxiliados por um pecador, alguém que pode ter agido pior do que eles. Esquecem que tanto eles quanto eu temos oportunidades de nos modificar para melhor e reparar as faltas cometidas. O que aconteceu foi que me casei com uma pessoa que agia muito errado, bebia muito, me surrava, humilhava e ameaçava. Planejei e o matei, fiz parecer que foi um acidente, que ele caíra. Todas as quartas-feiras, eu ia, à tardinha, às dezoito horas, junto com as vizinhas, visitar uma senhora que estava acamada. Esperei por uma quarta-feira que meu esposo havia chegado mais cedo, como sempre embriagado, e ido dormir. Eram dezessete horas e quarenta minutos, chamei-o. Respondeu-me com resmungos. Disse-lhe que o amigo dele, um bêbado também, que ele gostava, estava lá embaixo, na sala e que queria falar com ele com urgência. Meu marido se levantou e, ao começar a descer a escada, dei-lhe um empurrão com muita força, ele rolou e caiu. Peguei um pau, que deixara ali para isto, e bati em sua cabeça no local certo. Ajeitei-me, esperei pela vizinha e fomos à visita. Quando cheguei, abri a casa e gritei por socorro. Ele estava morto e não houve* nenhuma desconfiança; bêbado, caiu da escada. Convivi com este crime, desencarnei, sofri, senti muito remorso, fui socorrida, quis ser útil e passei a trabalhar bastante.

— Você planejou bem — comentei.

— Fui influenciada por uma encarnada — respondeu Maria Inês. — Mas isso não me isentou da culpa, não anulou meu erro. Muitas vezes temos vontade de matar alguém, mas é quase sempre passageiro. Fazer é diferente!

— Seu ex-marido a perdoou?

— Desencarnou muito embriagado, foi desligado por companheiros do Além que desfrutavam juntos do vício e ficou com eles. Quando lhe pedi perdão, respondeu: "Eu lhe dei motivos, não esquenta!".

— Onde está ele agora? — quis saber.

— Ainda vagando. Por enquanto, gosta de viver como está: vampirizando encarnados e se embriagando. Ele não gosta de conversar comigo, me acha chata. Estarei atenta, quando for possível, quero auxiliá-lo.

— Que pensa em fazer no futuro?

— Continuar trabalhando, estudar para fazer melhor minha tarefa. Quero mesmo dar valor à vida. Mil vezes ser assassinada que assassinar. Você acha que mereço a bênção de trabalhar para o bem? Confiaria em mim?

— Nós que queremos ser servos de Jesus estamos isentos de erros? Somos ainda enfermos e seremos curados conforme ajudarmos outros a se curarem. Esta casa confia em você, confio também e admiro sua coragem e esforço.

— Ama mais aquele que foi mais perdoado! Obrigada! — agradeceu Maria Inês, comovida.

— Eu que a agradeço.

CAPÍTULO 7

ELOQUÊNCIA

Eloquência é a arte na forma de se expressar, o talento de convencer, comover, ensinar, ajudar ou prejudicar pela fala ou pelo discurso.

Não me despedi de Maria Inês, queria saber ainda uma coisa e a indaguei:

– *Você me disse ter sido influenciada por alguém encarnado. Como foi isso?*

– *Morava num bairro residencial onde todos se conheciam. Mudou-se para lá uma senhora solteira, deveria ter na época uns quarenta e cinco anos, parecia não ter família, eles não a visitavam, e ela não comentava sobre sua vida. Procurando ser agradável, Joana tornou-se amiga de todos. Percebi somente mais tarde como me influenciou. Um dia, ela foi à minha casa e disse: "Como é fácil cair desta escada! Pode-se tropeçar no degrau de cima e descer rolando. Um bêbado cai fácil. Você sabia que uma batida nesta parte da cabeça é morte na certa?". E falou isso algumas vezes quando estávamos somente nós duas. Acatei seus planos e os fiz meus. Joana tinha um jeito de se expressar dando ideias que acabavam parecendo ser da gente. Ela me explicou como teria de agir sem me comprometer, nunca disse "faça isto ou aquilo". Depois do meu crime, ela continuou agindo normalmente, mas não me sentia bem perto dela. Comecei a notar que isso acontecia com os outros vizinhos. Lucinha me contou que deu veneno na carne para o cão de outra vizinha, porque o cachorro latia à noite, incomodando-a. Um casal se separou. Um senhor deu uma surra na filha, o outro saiu do emprego. E conforme esses episódios foram acontecendo, as pessoas foram se afastando de Joana, que acabou por mudar. Nenhum dos acontecimentos acabou bem. Eu me tornei uma assassina; o casal não fez as pazes; o que surrou a filha na rua, fazendo um escândalo, a moça saiu de casa e não voltou. O desempregado demorou a voltar a trabalhar. Ninguém comentou, creio que por vergonha, ou demoraram a desconfiar que Joana manipulava-nos.*

— Devemos — comentei — sempre ter cautela ao falar. Podemos usar o discurso para o bem ou para o mal.

— Boca santa ou boca maldita! — exclamou Maria Inês. — Escutamos muito esta expressão e como ela é verdadeira! Antes, nunca pensei em matar meu marido, pensava em me separar, mas não tinha como me sustentar. E Joana abordou isso também: "Separar-se? Para onde irá? O certo, o justo, é ele sair. Se não quer... Poderia viver bem aqui com a pensão que irá receber..."

— Você sabe o que aconteceu com essa senhora?

— Sei – respondeu Maria Inês. — *Ela está aqui neste posto, reconheci-a, mas ela não me reconheceu, não lhe disse quem sou. Joana sofreu muito e ainda não está bem.*
— *Gostaria de vê-la.*
— *Levo-o lá.*
Minutos depois, entramos numa das enfermarias femininas. Maria Inês me mostrou:
— *É aquela senhora, do leito cinco. Vou retornar ao trabalho.*
Depois de lhe agradecer, me despedi. Aproximei-me do leito e a chamei:
— *Joana!*
Ela abriu os olhos e me olhou, examinando-me, tentando lembrar se me conhecia.
— *Chamo-me Antônio Carlos. Ainda não nos conhecemos. Podemos conversar um pouquinho? Como você está?*
Sentei-me numa cadeira ao lado de seu leito. Joana não me respondeu, ficou me olhando.
— *Gosta daqui?* – indaguei.
Ela respondeu, afirmando com um aceno de cabeça.
— *Quer que levante a cama?*
— *Quero, obrigada.*
Levantei a cama, acomodei-a e ficamos nos olhando.
— *Faz tempo que está aqui?*
Joana sacudiu os ombros. Realmente, ela não sabia.
— *Há quantos anos está desencarnada?*
— *Cinquenta e oito anos. Não! Vim para o Além com essa idade. Doze, vinte, não sei. Em que ano estamos?*
Falei e ela então me disse que fazia dezesseis anos.
— *De que desencarnou?*
— *Câncer nos pulmões* – respondeu ela. — *Quem o senhor é? Por que está me fazendo perguntas? Parece um investigador.*
— *Queria conversar, mas, como a senhora não fala, achei que fazendo perguntas começaríamos uma conversa* – respondi.

— Não é investigador?

— Não sou.

— Aqui existem pessoas que investigam crimes? — perguntou Joana.

— Não! No Plano Espiritual não temos como esconder os erros como se pode fazer no Plano Físico. Atitudes ruins marcam nosso perispírito e não dá para mentir ou fingir para aqueles que sabem vê-las.

— O senhor sabe ver estas marcas? — perguntou Joana.

— Não estou aqui para isso, vim para conversar.

— Sabe ou não sabe?

— Sei — respondi.

— Observe-me e responda com sinceridade: tenho marcas de homicida? Quando vagava no umbral, sofri muito naquele lugar, seres que por lá ficam me acusavam, maltratavam-me dizendo que era homicida.

— Suas marcas, vejo três, são de homicida indireto. Elas são diferentes das de quem assassinou, de alguém que pegou um revólver e atirou, que empunhou uma faca e feriu, ou que empurrou a vítima da escada. Suas marcas são de cúmplice ou de quem planejou.

— Nunca pensei que estas atitudes me marcariam.

— Por que não pensou? — perguntei.

— Ora, dei ideias, somente ideias! Muitas delas foram rejeitadas. Estava somente ajudando o outro a solucionar seus problemas.

— A solução não poderia ser diferente?

— Com certeza! — Joana suspirou. — Agora começo a perceber que não agi certo. Disseram-me que planejei com maldade, pode até ser. Mas as pessoas fizeram o que tinham vontade. Nunca obriguei e nem falei claramente. Tudo o que planejava era perfeito, ficava horas pensando em todos os detalhes, dava o plano pronto às pessoas e ainda as fazia pensar que a ideia era delas. Por que não se livrar de um marido bêbado? De um emprego que o humilha? Por que não castigar a filha rebelde?

— *Poderia aconselhar diferente. À esposa do senhor que se embriagava, que tivesse paciência. Fazer o outro ver a parte boa de seu emprego. Que a filha talvez necessitasse de carinho e apoio.*

— *Começo a perceber isto agora, depois de muito sofrimento!* — concordou Joana. — *Desencarnei, fui para o umbral e lá uns espíritos me acusaram: "Você é maldita! Ferina! De seus lábios saíram coisas horríveis! Que agora saiam cobras e lagartos!". E sentia, via sair de mim esses bichos. Que nojo! Que tristeza! Saía sujeira, imundice de minha boca. Fiquei em farrapos. Arrependi-me. O socorro veio e graças a Deus estou limpa!*

— *Por que você fazia isso? Planejava para as pessoas certas atitudes?*

— *Ora! Por quê? Talvez porque não tivesse coragem de agir. Ou talvez minha vida fosse tão inexpressiva que nem motivos tinha para realizar algo diferente.*

— *Você faria de novo?* — quis saber. — *Agiria assim novamente, dando ideias às pessoas?*

— *Não! Agora, sinceramente, não! Encarnada, gostava de fazer isso. E as pessoas acatavam ou não meus planos. Mas todas, depois de um tempo de convivência, afastavam-se de mim. Minha família não me queria por perto, detestava-me. Não precisei trabalhar, vivi bem financeiramente, recebia a pensão de meu pai que foi militar, se tivesse de trabalhar para meu sustento talvez não agisse assim, não teria tempo. Mudei muito de moradias, ia de um bairro a outro. Escolhia casas em ruas residenciais, tranquilas, fazia amizades, depois eles me isolavam. Aí me mudava e recomeçava.*

— *O que pretende ser no futuro?* — indaguei.

— Muda! Não se espante, por favor! — pediu Joana. — A senhora Odete, do leito oito, foi muda no período em que esteve encarnada, está aqui há noventa dias e aprende a falar. A orientadora me explicou que Odete está perdendo o reflexo do físico deficiente e reaprendendo a falar. A antiga muda me contou que ficou sessenta e dois anos na vestimenta carnal emudecida porque na sua existência anterior fez calúnias, fazendo muitas pessoas sofrerem.

— E por que você quer reencarnar e ter deficiência física?

— Para não errar mais — respondeu Joana. — Não confio em mim. Se reencarnar e lembrar tudo o que sofri no umbral, aí talvez não seja faladeira, mas, esquecendo, sou bem capaz de fazer tudo de novo. Sendo muda não terei como usar mal o dom da fala.

— Você disse que planejou essas maledicências. Fazemos isso com o pensamento, com nosso espírito. A fala foi um meio...

— Que usei mal! — Joana me interrompeu. — Não só serei muda como lerda, ter um pouco de deficiência mental. Aí quero ver se aprendo ou não! Não pense que estou me punindo. Tive punição no umbral, o castigo foi pesado, mas merecido. Não quero mais punição. Se abusei da fala, de minha inteligência, é justo que fique uma encarnação sem elas, para dar valor. Não vejo esta minha vontade como castigo, mas como aprendizado.

Todos nós temos livre-arbítrio, e Joana estava usando o seu para fazer sua escolha. Iria ficar mais algum tempo no posto e ali teria aulas, aprenderia a trabalhar, talvez mudasse de opinião, mas, se não mudasse, transmitiria ao feto sua vontade. Conversamos por mais alguns instantes, quando se aproximou de nós uma senhora, a Odete, do leito oito. Joana nos apresentou. Odete falava devagar, fazendo paradas, esforçando-se para pronunciar as palavras, ainda sentia-se como se estivesse no corpo físico deficiente.

– Você esteve muda quando encarnada. Como foi esse período? – quis saber.

– Ser deficiente não é fácil, mas também não é difícil. Fui diferente. E senti esta diferença, sofri, revoltei-me em alguns períodos, principalmente quando era jovem, mas depois aceitei.

– Foi sua escolha ser deficiente?

– Sim, foi – respondeu Odete. – Pelas minhas calúnias, fiz sofrer até quem eu amava e gostava de mim. Arrependi-me muito e emudeci. Aprendi? A prova será na próxima encarnação, somente provamos se vencemos um vício quando podemos nos entregar a ele e não o fazemos. Tenho medo da prova! Fui muda nessa encarnação, mas não fui nenhuma santa. Tive atitudes erradas, tanto que não tive merecimento de ser socorrida ao desencarnar, vaguei entre os encarnados e padeci bastante, mas recebi ajuda de um centro espírita e vim para cá.

Odete se despediu e se afastou. Joana lamentou:

– Se pelo menos eu tivesse somente um vício! Sou preguiçosa, não gosto de trabalhar. Honestamente, às vezes, penso que, sendo deficiente física, posso me aposentar. As pessoas sentirão dó de mim e não precisarei trabalhar.

– Por que não começa a trabalhar? – motivei-a. – Aqui há muito o que fazer, obrigue a si mesma, esforce-se e, de repente, estará gostando. Porque é muito melhor servir que ser servido.

Joana ficou de pensar. Dei-lhe um abraço e me despedi.

Encontrei-me com Rodrigo e Luciana no bosque de uma colônia, o lugar é maravilhoso. Sentamo-nos num banco, e expliquei o porquê de nossa conversa.

— *Duas pessoas que, encarnadas, foram como a maioria!* — exclamou Luciana. — *Você quer nos entrevistar porque nem abusamos demasiadamente e nem usamos corretamente o dom da fala. É isto?*

— *Sim* — afirmei. — *E a primeira pergunta é: vocês sentem arrependimento do abuso ou têm boas lembranças do uso da eloquência?*

— *Analisando agora* — respondeu Rodrigo —, *tenho ambos os sentimentos. Arrependo-me de muitas mentiras, algumas que julgava ser desculpas, outras para me livrar de algumas fofocas, comentários indevidos sobre a vida alheia. Poderia muito bem ter evitado isso e voltado ao Plano Espiritual sem essas falhas. Comparo essas minhas atitudes a alfinetadas que podem ter causado incômodo ou dor nas pessoas. Fico triste ao recordar desses meus atos. Boas lembranças! Estas são agradáveis! Elogios, cumprimentos, atenção de perguntar como está passando alguém, incentivos e bons conselhos. Ainda bem que fazia parte do grupo do "deixa pra lá", aqueles que acalmam os ânimos numa discussão, evitando brigas, pedindo paz.*

— *Eu* — contou Luciana — *gostava de fofocar, falar mal de amigos ausentes, fazer comentários e críticas nada caridosas. Minha mãe me chamava a atenção, achava que ela estava certa, mas gostava de fofocar. Uma vez tive de provar o que falara, foi chato, perdi amizades e aí prometi falar menos. Foi difícil, mas fui conseguindo. Aprendi mesmo quando fui fazer um trabalho voluntário, visitando pessoas enfermas em asilos e hospitais, aprendi a escutar e a dar bons conselhos, transmitir entusiasmo: estas são as boas lembranças. Troquei o abuso pelo uso. E como isto me fez bem! Mas não consegui, numa conversa, deixar de falar mal de políticos e bandidos e de comentar acontecimentos ruins, prevendo castigos para os maldosos.*

— *Isso também fiz* — contou Rodrigo. — *Falava mal do futebol e dos jogadores. Mas creio que não prejudiquei ninguém com estes comentários.*

— *Vocês pretendem fazer algo para se educar, para não haver mais abuso ligado à eloquência?*

— *Quero, cada vez mais, aprender a escutar e aconselhar para o bem* — respondeu Luciana. — *Fazer disso um treino e gostar de agir assim para ser espontânea. E, quando reencarnar, ser uma pessoa que use a fala para o bem.*

— *Tenho outras prioridades* — falou Rodrigo. — *Mas, se o assunto é a eloquência, quero evitar abusos e fazer bom uso dela. E isso não é para o futuro, desejo agir assim agora, no presente.*

Agradeci-lhes e nos despedimos. Fiquei por uns minutos apreciando a beleza do bosque, a natureza na Terra é encantadora. Reli a entrevista, foi curta, e, como Luciana comentou, a maioria de nós está nesse grupo, o dos medianos. Eles não agiram muito errado. Chegaram a cometer abusos, porém estes não foram marcantes e fizeram também o uso correto. Falar nos dá prazer, mas devemos pensar que o abuso do dom da fala traz consequências desastrosas, primeiramente para nós, os falantes, e, na maioria das vezes, para quem nos escuta. Mas a linguagem nos traz benefícios, também primeiro a nós e, ao próximo, se bem usada. Por que não começamos a trocar nossos vícios por virtudes? Agora, neste momento, talvez fiquemos como esses dois próximos entrevistados.

Fui a uma colônia para ver o trabalho de Tânia e Miguel. Isso mesmo, ver como trabalham, porque é o exemplo que nos move, ver como as pessoas procedem é o melhor ensino.

Tânia é uma trabalhadora incansável, há muitos anos trabalha como orientadora dessa grande colônia, organiza tarefas, orienta os trabalhadores. É uma excelente incentivadora, dá palestras e conversa com os insatisfeitos, é entusiasta, todos que a escutam redobram os ânimos e a vontade de servir.

O objetivo do meu pedido era ficar ao seu lado enquanto atendia a algumas pessoas. Tânia me recebeu sorrindo e me sentei a seu lado. Sua sala lembra os consultórios de alguns médicos encarnados, tudo de bom gosto, mas simples. Tânia estava sentada numa cadeira em frente à sua escrivaninha e, do outro lado, havia três cadeiras. A primeira pessoa que atendeu apresentou-se:

— *Sou Guilherme, atualmente estou como orientador de um posto de auxílio e estou com problemas com a equipe de servidores. Alguns reclamam das muitas horas trabalhadas, outros querem certas regalias por estarem servindo e a maioria se queixa de abusos dos socorridos.*

— Não se deixe levar pelo desânimo — pediu Tânia. — *Entusiasmo é um fator importante na tarefa de auxílio. Lembro-o de que os trabalhadores até pouco tempo eram os socorridos e que eles são aprendizes nas tarefas. A casa tem regulamentos, normas, e estas têm de ser seguidas e cabe a você, como responsável, lembrar que elas existem. Quer que vá lá dar uma palestra, conversar com a equipe?*

— *É o que vim lhe pedir!* — Guilherme exclamou alegre. — *Marcamos uma data.*

Tânia marcou e entusiasmada abraçou Guilherme. Ela dava muitas palestras, tentava atender a todos os pedidos. Agendou para visitar o posto: ficaria lá três dias, daria palestras e atenderia alguns servidores em particular. Guilherme saiu e logo entrou uma senhora.

— *Sou Elizabeth, trabalho com encarnados, sou uma das orientadoras espirituais de um centro espírita. Vim aqui para receber orientação sobre como devo agir com os trabalhadores encarnados da casa, eles estão desanimados. Uns acham que fazem demais e que não são reconhecidos; outros, por qualquer motivo, não querem voltar mais, desistem. E, infelizmente, o grupo aprecia a fofoca. Como devo proceder?*

— Motive os tarefeiros da equipe desencarnada — orientou Tânia. *— Aconselhe-os a fazer bem seus trabalhos. Tente conversar com os palestrantes encarnados, enquanto seus corpos físicos estiverem adormecidos, e lhes peça para darem palestras evitando críticas e comentários indevidos. Motive-os para darem ênfase em como se deve agir e na alegria que sente quem faz a caridade. Palestras entusiasmadas dão bom ânimo! E, sempre que possível, peça a todos para verem o lado bom de tudo, principalmente das pessoas, e peça para evitarem fofocas.*

Somente a presença de Tânia entusiasma. A trabalhadora sorriu contente, a tarefa não lhe parecia mais tão árdua.

O terceiro, um senhor, assim que se sentou, queixou-se:

— Trabalho dezesseis horas por dia numa enfermaria e tento fazer minha tarefa do melhor modo possível. Mas os que recebem benefícios não reconhecem, e são raros os que dizem "obrigado".

— Tudo o que fazemos é patrimônio nosso. Ações más, consequências ruins; atos bons, frutos saborosos que nos alimentam, tornando-nos fortes, equilibrados, harmoniosos e, consequentemente, felizes. Somente existe uma maneira de nos tornarmos bons, fazendo o bem. Devemos exigir somente de nós sermos gratos. Nunca devemos esquecer de agradecer os benefícios recebidos como também não exigir gratidão e reconhecimento. Não é certo esperar algo de um ato bom realizado, principalmente externo, como um agradecimento. O ato que faz é seu, e você não deve se importar se alguém notou ou se será ou não reconhecido. Faça tudo que lhe cabe com amor e lembre: antes ser útil que precisar do auxílio alheio. E quando alguém lhe agradecer, responda, com simplicidade,

com: "de nada" ou "Deus nos proteja". E não ligue quando alguém exigir mais atenção e cuidados. Muito ainda tem que aprender aquele que exige.

— Muito obrigado!

O senhor se despediu animado. Fiz rapidamente minhas perguntas, Tânia estava sempre muito ocupada.

— Você agiu de alguma maneira especial para ter desenvolvido a eloquência que tem hoje?

Tânia sorriu, pensou um pouquinho, e respondeu:

— Estou sempre tentando me melhorar, procuro aproveitar as oportunidades que a vida me dá para progredir. Penso que a eloquência que você diz que possuo tenha sido consequência desse meu esforço.

— Tem planos para o futuro? Pretende reencarnar?

— Pretendo continuar com meu objetivo de melhorar. Estou na erraticidade há muitos anos. Não tenho objetivos pessoais para reencarnar, nada a resgatar e nem me provar. Não tenho planos específicos, mas, se nossos orientadores me pedirem para fazer um trabalho diferente, preparo-me e tento executá-lo, seja reencarnada ou aqui. O futuro, para mim, é simplesmente a continuação do presente.

Agradeci e saí entusiasmado, este sentimento contagia. Fui procurar Miguel e o encontrei se preparando para ir às enfermarias, onde estão os socorridos em estado de profunda perturbação e sofrimento. Acompanhei-o. Miguel entrou cantando na enfermaria, sua voz é harmoniosa, vibra amor, cantou hinos de louvor e orações. Sua expressão irradia alegria, os mais sensíveis o veem com raios de luz. Muitos socorridos pensam que ele é um anjo, santo e até Jesus. Quando isso acontece, ele canta:

— Sou Miguel, ao seu dispor! Não sou anjo nem santo. Sou somente um aprendiz do amor!

Os resultados dessas visitas são fantásticos. Miguel também dá palestras, visita postos de socorro, vai a outras colônias, trabalha muito e sempre alegre. Num intervalo, fiz minhas perguntas.

– Miguel, o que você fez para se expressar assim?

– *Falar bem ou bem falar?* – sorriu ele. – *Porque há diferenças. Existem pessoas que se expressam com carisma e podem transmitir pensamentos que irão prejudicar outros seres, outros enrolam, e há os que exaltam o racismo, o preconceito, instigam para guerras, etc. Tem também os que não falam o que sentem nem o que fazem.*

– Referi-me a você no bem falar – disse.

– *Foi um treino. Há duas encarnações passadas, eu percebi que meu maior defeito era usar mal o dom da palavra. Resolvi prestar atenção neste meu vício, percebi que tudo vinha da mente, ou seja, da minha alma. Esforcei-me para me corrigir, comecei a pedir desculpas, prestar atenção nessa minha deficiência e melhorei bastante. Na encarnação seguinte, ou seja, minha última, eu me propus a usar corretamente minha mente e somente falar coisas boas. Prova complicada! Mas passei. Então acho que devemos prestar mais atenção nas nossas deficiências, esforçar-nos para nos corrigir e para ter domínio sobre nós mesmos.*

– Tem planos para o futuro?

– *Quero reencarnar e dar aulas, ser professor, um educador!* – falou Miguel. – *Quero, se possível, ajudar os encarnados a serem mais otimistas, alegres e religiosos.*

Miguel foi requisitado e me deu um abraço, desejando felicidades, e respondeu ao meu agradecimento:

– *De nada, foi um prazer conhecê-lo. Muita paz!*

Transmitimos o que somos. Encarnados têm como enganar outros que vestem também a roupagem física: podem fingir, mentir e usar o discurso para expressarem algo que pode ser errado ou não. A fala é um meio, e muitos a usam para serem úteis, expressam-se sendo benevolentes. Educando uma deficiência, melhoram-se muitas outras. É a troca de vícios por virtudes. Educa-se o espírito, e os meios funcionarão para o bem.

CAPÍTULO 8

TOXICOMANIA

Tóxico é uma substância nociva ao organismo e que produz alterações físicas ou psíquicas, podendo causar sérias modificações no comportamento, além de poder gerar dependência. Toxicomania é o uso compulsivo de substâncias psicoativas. Toxicômano é o indivíduo que faz uso dessas substâncias para sentir as sensações anormais produzidas por elas.

Droga é qualquer substância, ingrediente usado principalmente em farmácias. Mas, no sentido figurativo, é coisa de pouco valor, algo que não dá resultado, que leva a fracassar.

Entorpecentes ficam com o sentido figurativo de droga. Basta comparar uma pessoa antes e depois de se viciar para entender por que o sentido figurativo é mais apropriado.

Convidei três desencarnados para responder às minhas indagações. Eles, no Plano Físico, usaram, abusaram de tóxicos e fracassaram. No momento da entrevista, estavam em tratamento.

Fizemos um pequeno círculo, sentamos em confortáveis poltronas, na sala de recepção da ala especial três de um grande hospital de uma cidade do Plano Espiritual, uma colônia de porte médio. A ala três é destinada a tratamento de desencarnados que, na vestimenta física, foram viciados em tóxicos. Depois de explicar o porquê da entrevista, pedi para não mentirem, para que fossem sinceros consigo mesmos e comigo. Meus convidados concordaram em responder a verdade. E minha primeira pergunta foi:

— *Vocês se arrependeram por terem se envolvido com tóxicos?*

— *Sim, eu me arrependi muito. Senti remorso quando estava encarnada. Não queria ter me envolvido, sofri e fiz sofrer pessoas ligadas a mim.*

Foi Sônia, que todos carinhosamente chamavam de Soninha, quem respondeu. Desencarnou aos vinte e três anos. Estava, no momento, em fase final do tratamento. Ainda estava muito magra, tinha os cabelos castanhos até os ombros e a pele bem pálida, seu sorriso era triste como seu olhar. Olhei para Mané, que desencarnou aos trinta e quatro anos, ficou muito doente, seu corpo físico foi corroído pelo *crack*[1]. Também estava magro e o tempo todo que durou nossa conversa mexia muito com as mãos, que eram grandes e tinham dedos longos. Tentou sorrir e respondeu:

— *Achei muito ruim ter ficado enfermo, mas gostei de desfrutar das drogas. Por que será que coisas boas fazem mal? Sei que gostos diferem, mas eu gostava delas. Belas, gostosas*

---

[1] Nota da Editora. Crack — droga de alta concentração e toxicidade, mistura de cocaína, bicarbonato de sódio, etc., geralmente apresentada em forma de cristais para ser fumada numa espécie de cachimbo [Narcótico de uso ilegal.] Fonte: Dicionário Houaiss Digital.

e assassinas! Arrependi-me de muitas coisas e de outras não. Sinto ter sido a causa de minha família ter sofrido, meu pai e, principalmente, minha mãe. Meus irmãos sentiam raiva de mim. Percebi, aqui no Plano Espiritual, que gastei muito dinheiro de meus pais e eles receberão menos de herança. E gastaram mesmo comigo: internações, dívidas, eu os roubei, e tudo foi para o tráfico. Conversando agora e olhando para você – Mané se referia a mim –, *começo a perceber que os prejudiquei muito, eles poderiam ter uma vida melhor se não fosse eu. Encarnado, quando sentia dores, tinha crises, me arrependia por ter me viciado. Mas eu amei as drogas. Devo dizer que fui "apaixonado"? Já me disseram que o amor é um sentimento profundo, puro, etc. Apaixonei-me pelas drogas, sentimento infiel, traiçoeiro, me tirou a dignidade, o respeito, meu raciocínio, sugou tudo de bom que possuía. Falando sinceramente, ainda não sei responder se me arrependo ou não.*

Era a vez de Guto responder, desencarnou aos vinte e oito anos. Mulato, devia ter sido bonito, era magro, tinha os cabelos raspados e algumas cicatrizes pelo corpo. Estava se recuperando.

— *Agi muito errado! Se pelo menos tivesse somente me prejudicado! Maltratei meu corpo físico e fui chamado de suicida inconsciente. Mas não fui tão inconsciente assim. Sabia que o tóxico era venenoso e que fazia mal. Desprezei a oportunidade da reencarnação e desencarnei muito antes do tempo planejado, previsto.*

— *Qual a ação mais errada que fizeram por se drogarem?* — fiz a segunda pergunta.

— *Ter maltratado meus pais!* — respondeu Soninha. — *Eles me amavam do modo deles, era o que pensava quando estava encarnada, mas agora entendo que me amaram realmente. Achava que eles agiam com excesso de autoridade. Entendo, porém, hoje, que eles queriam somente o melhor para mim.*

Privaram-se de muitas coisas para que tivesse uma boa instrução e não dei valor. E ainda os fiz se sentirem responsáveis pela minha desencarnação. — Ela ia parar de falar, mas, como eu a olhava atento, não a julgava e tentava entendê-la, continuou: — *Era filha única, mas não fui mimada, e, sim, educada para ter respeito e dar valor a tudo. Estudei nas melhores escolas. Aos dezesseis anos, namorava firme um rapaz, gostava dele e tive uma grande decepção: ele terminou comigo para ficar com minha melhor amiga. Passei a sair muito e me enturmei com um grupo de usuários de drogas, experimentei e me viciei. Meus pais fizeram de tudo para me ajudar. Viciada, não os respeitava, e aí, tudo que nunca fiz, passei a fazer. Foram anos de tormento, me internaram muitas vezes, em algumas fugi, em outras, quando saía, logo voltava ao meu vício. Briguei com meus pais e saí de casa. Fiz quem me amava de verdade sofrer muito. Pela nossa briga e por ter saído de casa, eles se sentiram e ainda se sentem culpados pela minha desencarnação. Somente eu fui culpada! Sofro sabendo que eles padecem.*

— Você disse que é culpada, não concordo — comentou Mané. — E os traficantes? Eles que são os verdadeiros culpados.

— Não sei o grau de culpa dos traficantes — respondeu Soninha. — Mas ninguém me obrigou. Um traficante me deu drogas no começo, assim como amigos viciados me incentivaram a experimentar e a continuar usando. Porém, usei drogas por opção.

Guto me perguntou:

— O que acontece com quem trafica e não é viciado?

— Toda ação tem reação — respondi. — Boas ações têm retorno, e as más também. Somos responsáveis pelas lágrimas de dor que por nossos atos foram derramadas. Muitas pessoas que traficaram drogas podem até se desculpar, falar quais os motivos que as levaram a praticar esse comércio, mas dificilmente se justificarão. Cada caso é um caso, porém o tráfico é um ato *indevido por prejudicar muitas pessoas. O traficante pode não ter obrigado ninguém a se viciar, mas colaborou. Viciar-se é de responsabilidade de quem o faz.*

— Eu me viciei e trafiquei, roubei e matei — falou Guto. — Não posso dizer que fiz tudo isso pelas drogas. Fui mau e penso que ainda sou! — Chorou. Esperamos por instantes. Ele limpou o rosto e voltou a falar. — *Eu me arrependo de tudo que fiz! A pessoa que matei, um errado como eu, nem sei onde está. Penso que ninguém sofreu por sua morte, como também não sentiram a minha. Arrependo-me pelos roubos que fiz, privei pessoas honestas de seus bens. Não sei a extensão do meu tráfico, dos males causados. Arrependo-me muito!*

— *Prejudiquei as pessoas que gostavam de mim* — disse Mané. — *Penso que fiz muito mal à minha namorada. Viciei-a. Ela está encarnada e se tornando um farrapo como eu me tornei. Quando a percebo perturbada, infeliz, sozinha, amargurada, sinto também. Fui tremendamente mau com ela, que se drogou por mim, por me amar, com medo de me perder.*

— *Como foram suas desencarnações?* — fiz mais uma pergunta.

— *Triste como a minha vida encarnada* — respondeu Guto. — *Matei e recebi nessa mesma encarnação a reação. Fui assassinado! Matei com um tiro certeiro, feri outros. Briguento, bati e apanhei. Um grupo rival me pegou. Meus companheiros, drogados como eu, não interferiram e fui torturado por três dias, ferimentos doloridos me levaram à morte. Sofri muito, talvez não tanto como fiz sofrer.*

Soninha suspirou e respondeu:

— *Minha vontade de me drogar era tanta que me prostituí para ganhar dinheiro. E ao ter um encontro com um homem idoso, consegui roubá-lo. Com o dinheiro, comprei uma grande quantidade de drogas e as tomei em excesso. Por um instante, pensei ser exagero e que poderia morrer, porém falei a mim mesma: "Se eu morrer é melhor. Paro de sofrer!". Desmaiei.*

Os companheiros, em vez de me socorrer, roubaram-me. Meu coração não resistiu, parou. Morri, desencarnei. Uma pessoa piedosa, ao passar e me ver caída, chamou a ambulância. O socorro veio, paramédicos constataram que meu corpo físico havia parado suas funções, me levaram e minha família foi avisada. Guardava minha identidade e o endereço de meus pais numa bolsinha que mantinha presa à minha cinta.

— *Depois de um tempo* — contou Mané —, *oito meses acamado e sem conseguir me drogar, porque não me davam e eu não tinha como buscar, meu coração parou, desencarnei. Estava com aids e hepatite C. Fui definhando com as diversas doenças, consequências do vírus HIV. Foram períodos em casa e muito tempo no hospital. Estava esquelético quando meu corpo morreu.*

— Qual é a recordação boa que tiveram nessa encarnação? — quis saber.

Os três pensaram e foi Soninha quem primeiro respondeu:

— *Tive uma infância feliz. Avós que me amaram, pais carinhosos e muitos amigos. São muitas as recordações boas! Recebi muitas orações de pessoas que fizeram parte desse período de minha vida, preces de quem ajudei. Foram pequenas ações boas que me sustentaram no desespero. O melhor então é recordar algumas ajudas que fiz.*

— As ações boas, benevolentes, têm reações; elas nos dão força, incentivam-nos a caminhar, a continuar nossas vidas — esclareci.

— *Comigo foi assim* — concordou Soninha. — *Uma pessoa boa que orou muito por mim foi a empregada de minha casa, auxiliei-a muito e também sua família. Suas preces de gratidão me tiravam do desespero.*

— *A melhor recordação que tenho* — contou Guto — *é de quando tinha oito anos e ganhei de presente um caminhão grande de madeira. Recebi de um grupo de voluntários que fizeram o Natal onde morava. Deram o presente com alegria, sem cobrar, um brinquedo novo. Fiquei contente naquele dia e brinquei muito com o caminhão. Nem sei por que lembro tanto desse dia.*

— Talvez — tentei explicar — *você o recorde na tentativa de compreender que o bem existe e que a vida pode nos colocar na posição de receber e, outras vezes, na de doar. A alegria pode ser distribuída.*

— *Fiz a escolha errada!* — lamentou Guto. — *Em vez de dar alegrias às pessoas, eu as fiz tristes. Não me lembro de ter ajudado alguém. Dei algumas drogas, a maioria com interesse, dava para depois cobrar caro.*

— *Eu também tenho recordações boas da infância, da adolescência... Isso antes de me envolver com as drogas!* — exclamou Mané. — *Gosto de lembrar das brincadeiras com meus irmãos, dos passeios nos parques, da escola onde estudei... Mas, ao recordar da escola, vem à minha mente que, junto de companheiros, roubei-a duas vezes.*

— *Se tivesse justificativa, que resposta dariam para terem se tornado toxicômanos?* — perguntei.

— *Eu* — respondeu Guto — *já dei muitas desculpas: fome, frio, brigas de minha mãe com seus vários maridos, etc. Porém, tive um irmão e uma irmã que passaram pelas mesmas dificuldades e não se envolveram com drogas. Os dois foram, são, honestos e trabalhadores. Minhas desculpas não foram aceitas e agora tenho até vergonha de dá-las. Os motivos podem até atenuar nossas faltas, mas a responsabilidade pela ação existe.*

— *Tive, quando encarnada, mediunidade* — respondeu Soninha. — *Via vultos, escutava vozes... Fui algumas vezes ao centro espírita receber o passe, escutei palestras, mas não me interessei. Recebi e aceitei influência para me drogar. Vim a saber desse fato aqui no hospital. Mas antes dava desculpas, como* carência, o que não era verdade. Dizia que os amigos toxicômanos eram legais e eram as pessoas que gostavam de mim, por isso agia como eles.

— Você, sendo médium, foi mais influenciada? – perguntou Guto, curioso.

Soninha balançou os ombros expressando não saber, então os elucidei:

— *Todos os encarnados têm mediunidade, uns têm mais potencial que outros. Os desencarnados sugadores de energia podem preferir quem possui mais potencialidade para usufruir de suas energias, mas, normalmente, compartilham os fluidos com seus afins.*

— *Sendo honesto* — disse Mané —, *qualidade que estou tentando agora adquirir, porque não fui nada honesto encarnado, não tentei justificar minhas atitudes. Procurei as drogas e me viciei porque gostava. Às vezes, inventava uma desculpa. É agradável ser a vítima, o coitadinho... Agora não tenho por que mentir, ninguém acredita mesmo. Respondo a você olhando em seus olhos: não tenho desculpas justificáveis.*

— Vocês sentiram dores no momento do desencarne? – indaguei.

— *O meu desencarne não foi muito agradável* — respondeu Soninha. — *Sem querer ser dramática, mas é o que sinto: foi terrível! Fui desligada logo após meu corpo ter parado suas funções por desencarnados que ficavam perto de nós, os usuários. Sugaram todas minhas energias, a sensação que tive foi como se eu fosse um pano, um saco vazio, não conseguia nem me mexer. Mas via tudo dos dois planos, espectros medonhos e encarnados indiferentes. Foi uma mudança muito triste.*

— *Estava doente* — falou Mané. — *Havia meses que não conseguia me drogar, então não tinha emanações de tóxicos. Senti muitas dores, às vezes me revoltava; outras vezes, tentava entender que somente poderia terminar meus dias daquela maneira. Fiz minha mudança de plano sentindo muitas dores.*

— Também senti dores — contou Guto. — Fui torturado por pessoas que sabiam como fazer alguém sofrer. Odiei, senti raiva, prometi vingança... Desencarnei em estado lastimável.

— Como souberam que tinham mudado de plano?

Guto foi o primeiro a responder:

— Tinha amigos afins do lado espiritual. A maioria dos viciados os tem. Assim que meus torturadores e os desencarnados que os acompanhavam se afastaram do meu cadáver, meus companheiros se aproximaram e desligaram meu espírito do corpo físico. Estava perturbado, quase inconsciente. Eles me levaram para perto de um grupo de cinco jovens que usavam drogas e absorvi os fluidos emanados, senti-me aliviado, e os garotos encarnados sentiram mal-estares. Levaram-me para o local onde nos reuníamos e me falaram que havia morrido. Cuidaram como puderam de mim. Continuei sentindo dores, fome, frio e a vontade de me drogar era cada vez maior.

— Eu fiquei perdida — contou Soninha. — Sentindo-me como se fosse um nada, exaurida, fui junto para o hospital onde levaram meu corpo físico sem vida. Bons espíritos, trabalhadores desse hospital, me abrigaram num local, falaram que meu corpo morreu e que iria continuar vivendo. Não entendi. Querendo drogas, saí e fui para onde costumava adquiri-las. Lá, outros desencarnados, com maldade e rindo, me disseram que eu havia morrido e provaram. Mostraram como meu corpo estava diferente do corpo dos meus companheiros de vícios e que eles não me viam. Tive a certeza então de que havia mudado de plano.

— Meu avô, pessoa muito boa — explicou Mané —, tentou me ajudar. Conversou comigo, mas não entendi. Melhorei meu raciocínio e, ao ver meu avô de novo, achei que havia enlouquecido e senti medo dele, porque sabia que ele tinha falecido.

Fui levado a um centro espírita, fiquei numa fila com outras pessoas e conversamos. Sabia um pouquinho do que acontecia no centro. Disse aos companheiros de fila: "Vou pedir para levarem o espírito de meu avô embora e não adianta eles me dizerem que sou médium, que é por isso que vejo fantasmas. Não quero ver defuntos, tenho medo." Mas, conforme fomos atendidos, começamos a perceber que nossos corpos carnais tinham morrido e éramos sobreviventes. Foi aí que entendi que havia mudado de lado.

— Como foi a sobrevivência, continuar a viver desencarnados? — quis saber.

— Confusa como foi minha vida! — exclamou Guto. — Faz muitos anos que desencarnei e estou abrigado neste hospital há dois anos. No período em que vaguei, me enturmei com outros imprudentes como eu, amigos de uns, inimigos de outros. Esqueci até de me vingar, isso porque os tóxicos eram primordiais. Cansei, padeci bastante, quis ajuda, socorro e fui a um templo evangélico. Lá me socorreram e fui trazido para cá.

— Em quase todos os locais de orações trabalham socorristas desencarnados. Você, Guto, pediu auxílio e obteve, foi trazido para esta colônia para receber a ajuda necessária — expliquei.

— Eu — falou Soninha — continuei atormentada querendo entorpecentes. Somente me tranquilizava um pouco quando oravam por mim. Sentia todas as sensações de quando estava encarnada: fome, frio, sede, dores terríveis e muita vontade de me drogar. Nunca pensei que pudesse sofrer tanto. Vivi anos perturbada. Foi me oferecido socorro. Já havia recebido essa oferta antes, mas, naquele dia, graças a Deus, aceitei. Estava cansada daquela maneira de viver, quis me modificar e vim para cá. Cinco anos fiquei vagando. Lembro de poucos acontecimentos, mas do sofrimento não esqueço.

— Depois que compreendi que estava vivendo em outro plano — contou Mané —, não aceitei ajuda. Fiquei num posto

de socorro somente sete dias, achei chato, monótono, não tinha nada que gostasse. Saí e me enturmei com outros imprudentes como eu. Um dia, meu grupo foi feito escravo, levado ao umbral, então sofri muito. Foram humilhações, apanhei, tive de trabalhar, coisa que não havia feito quando encarnado. Foi um período de muito padecimento. Orações me ajudavam. Quis mudar de atitude e, junto de amigos na mesma situação, fomos a um posto de socorro no umbral e pedimos auxílio. Ficamos abrigados lá alguns meses e depois vim para cá. Faz doze anos que mudei de plano.

Fizemos uma pequena pausa e voltei a entrevistar:

— Foram obsediados? Ou obsediaram?

— Eu fui! — respondeu, de imediato, Soninha. — Encarnada, fui influenciada, dois espíritos me obsediaram para que me viciasse. Queriam desestruturar minha família. Infelizmente, conseguiram. Quando me viciei, eles se afastaram, não precisariam fazer mais nada, estavam vingados: o tóxico faria o trabalho para eles. Desencarnada, vampirizei usuários de entorpecentes para sentir as sensações deles, sugava-os e sentia como se estivesse me drogando. Como fizeram comigo, fiz com outros. Arrependo-me por ter agido assim, não é porque recebemos algo ruim que temos de fazer o mesmo com o outro. Porém, nessa época em que vaguei, queria o tóxico, só pensava nisso, então ficava perto de um usuário, inalava seu hálito, puxava para mim suas energias saturadas de misturas químicas. Éramos todos companheiros perturbados e confusos.

— Quando vestia o corpo carnal — respondeu Guto —, não fui obsediado; tive companheiros espirituais que usufruíram comigo dos fluidos dos tóxicos. Depois, fui eu que usufruí e até influenciei encarnados para que se drogassem, para vampirizar suas energias. É muito triste essa situação. Compreendo agora a lenda dos vampiros. Fui um! Não podia morrer, já estava morto. Não sugava sangue, mas as energias, enfraquecendo as pessoas.

— Não fui obsediado, mas obsediei! — exclamou Mané. — Quando fazia uso dos entorpecentes, tive companheiros desencarnados, meus afins, nos drogávamos juntos. Vivendo com o corpo perispiritual, vampirizei. Não gosto desse termo, nunca aceitei ser um vampiro. Eu os chamava de "companheiros", fazíamos o que gostávamos juntos. Porém, quando vaguei, fiquei perto de minha ex-namorada e insisti para que ela se drogasse. Fiz isso também com um amigo que tinha parado; ele estava há anos limpo e voltou ao vício com a minha influência.

— Sabendo agora o tanto que o tóxico os fez sofrer, se voltassem ao Plano Físico, qual seria a atitude de vocês? Se tudo fosse um sonho e acordassem neste momento, como agiriam?

Os três se olharam. Esta minha pergunta os fez refletir, fez com que ficassem saudosos em relação àquilo a que não deram valor, do que perderam por escolha.

— Tentaria ser como meus irmãos. Não iria me drogar — Guto falou devagar.

— Você não pode afirmar isso, não com sinceridade — opinou Mané. — Já pensei sobre isso. Talvez, antes de reencarnar, eu tenha vivido no umbral, então me esqueci quando nasci e talvez tenha repetido os mesmos erros cometidos antes. Se voltasse ao Plano Físico e me lembrasse de tudo, ficaria longe das drogas, das más companhias, iria estudar, tentar ser boa pessoa. Mas, esquecendo, não sei! Sonhos são sonhos!

— Talvez você não tenha sofrido o bastante — argumentou Guto. — A dor ensina. Tomara que eu tenha realmente aprendido e não necessite ter mais a dor por companhia. Não quero ser nunca mais um usuário de algo indevido.

— Gostaria — desejou Soninha, com expressão sonhadora — de acordar no meu quarto, na minha casa, com meu travesseiro, *sendo chamada pela voz suave de minha mãezinha para ir à escola ou para trabalhar, mas sem o vício. Queria ter a minha antiga vida!*

Soninha chorou e os outros dois ficaram emocionados. Ela enxugou o rosto, e eu fiz mais uma pergunta:

– Quais são seus planos para o futuro?

– *Ainda não os fiz* – respondeu Guto com sinceridade. – *Sinto-me culpado, com vontade de reparar meus erros, mas ainda sinto falta das drogas. Faz somente três meses que tive minha última crise de abstinência. Espero que tenha sido a última* – tentou sorrir. – *No momento, quero adquirir dignidade e dar o mínimo de trabalho ao pessoal desta casa, que auxilia por amor. Que exemplo! Vou tentar aprender para ser útil. Quando realmente me sentir forte, farei planos e...*

– *Guto* – Soninha interrompeu –, *você disse que ainda sente falta das drogas. Eu não! Sinto repulsa e, ao pensar em usá-las, tenho vontade de vomitar. Sofri tanto por elas! Tenho planos, às vezes extrapolo no pensamento. E a maioria é irrealizável. Queria estar encarnada, tendo os mesmos pais, morando na mesma casa, tendo de volta tudo a que não dei valor. Entendo que não os mereço mais. Pelas minhas atitudes, não mereço ter aquelas pessoas maravilhosas como meus pais de novo, os fiz sofrer. Nada volta do mesmo jeito que era. Por mais que eu tente planejar algo possível, acabo sonhando com o impossível, com o que perdi pela minha imprudência. Por isso quero tomar aversão pelos tóxicos!*

– *Você não tem nenhum sonho realizável?* – Mané perguntou curioso.

– *Coisas simples* – respondeu ela. – *Voltar a estudar aqui, trabalhar e esperar pela desencarnação de meus pais para lhes implorar perdão. Eu já perdoei todos os que me envolveram nos tóxicos. Compreendi que tenho o livre-arbítrio, fui influenciada, porém também recebi conselhos para não me envolver com drogas e para não usá-las. A decisão de escutar, atender, foi minha. Senti raiva de um traficante, pessoa terrível, porque era charmoso, envolvente, sabia conversar e logo estava sabendo da carência ou do ponto fraco de cada jovem que ficava na área, nosso local de encontro. Ele oferecia a droga, a princípio como presente, uma forma de "auxílio", depois cobrava caro. Senti mágoa deste homem. Ele não se drogava, não bebia nada que continha álcool e não fumava, drogas para ele eram um modo de ganhar dinheiro. Desencarnou antes de mim, foi assassinado. Por anos viciou muitos jovens. Pensava que, se não fosse por ele, talvez não tivesse me viciado. Cecília, uma trabalhadora desta casa, tentou me convencer a perdoá-lo para ser perdoada. Estava difícil, então ela me levou à sala de projeções e pude vê-lo. Este homem, que destruiu tantas pessoas, desestruturou muitos lares, está no umbral, lugar feio, escuro e sofre muito. Perdoei-o. E meu desejo é: pedir para esperar no Plano Espiritual pelos meus pais. Eles já me perdoaram, mas quero, nos seus braços, rogar que me desculpem.*

— *Meus planos são confusos porque ainda estou confuso* — *disse Mané.* — *Tenho crises de abstinência e, sendo sincero, como me pediu, sinto falta das drogas. Quero sarar! Tóxicos nos adoecem! Meu plano, no momento, é me libertar dos meus vícios e me tornar logo um ser útil, para não ser mais um peso. Porque é isso o que fui: um peso para as pessoas. Não fiz nada de útil e não dei valor a quem fez algo de bom para mim. Se conseguir isso, será uma vitória e aí, talvez, faça planos que possam ser realizados.*

— *Alguém quer dizer mais alguma coisa? Alguma consideração final?* — *pedi.*

Os três levantaram a mão e foi Mané o primeiro a falar.

— *Gostaria que você escrevesse um alerta. Tóxicos, drogas, têm atrativos, dão prazer, mas são atrativos irreais, falsos e* destrutivos. Prejudicam não somente a nossa vestimenta física, mas também a perispiritual. Arruínam a saúde, levam a desencarnar antes do previsto, é um suicídio lento. A culpa nos faz sentir remorso e dá medo, porque o abuso traz consequências. Será que poderei ter um lar na próxima encarnação? Amor de pais, de família? Abusei de afetos, tornei-me indigno de tê-los. Ao se viciar, as consequências não afetam somente o presente, elas refletirão no futuro. Fiquem longe das drogas, pois elas são uma droga!

— Ser viciado é sentir-se defeituoso — suspirou Guto —, ser falso ou ter uma rasura. Você se corrompe fisicamente, moralmente, e agora sei que o mais grave é que você se corrompe espiritualmente. Não vale a pena! Pelo vício, agi errado, recebi reação de dores e sinto muito por ter feito maldades. As consequências vêm junto com o sofrimento.

Guto se emocionou e as lágrimas escorreram pelo rosto. Soninha rogou:

— Faço um apelo: fiquem longe das drogas! Não se viciem! A morte não nos liberta de nossos vícios. O padecimento é grande demais por algumas sensações de prazer. Se você se frustrar, se decepcionar, tenha um pouquinho de paciência, logo terá outros incentivos, momentos bons virão. O tóxico nunca é a solução. Tudo passa, mas, se você se envolve com entorpecentes, as consequências demoram a passar. As drogas me mataram e sinto por não estar encarnada ao lado de meus pais. Se por estes relatos conseguir afastar alguém dos tóxicos, me sentirei abençoada.

Nós nos abraçamos e nos despedimos.

Soninha relatou corretamente o que viu por um aparelho projetor. Ele é parecido com o aparelho de que os encarnados dispõem, o computador. A trabalhadora da casa, Cecília, certamente com permissão, mostrou a ela o local onde estava o traficante que conhecera. Ele se encontrava no umbral, num fosso profundo e sofrendo muito.

Pensei, ao organizar este trabalho, em entrevistar traficantes. Depois de pesquisar e procurar, achei somente pessoas que venderam tóxico como Guto, que traficou para obter dinheiro para manter seu vício. Aquele que conscientemente traficou, que via os resultados de sua ação, a transformação das pessoas, do que eram antes para como ficaram depois, não encontrei nenhum para entrevistar. Porque muitos, normalmente, além desse ato extremamente imprudente que é traficar, fizeram outras maldades: mataram, torturaram, etc. Estes voltam ao Plano Espiritual amaldiçoados, com o peso das lágrimas das dores, principalmente de pais. É um peso terrível, que os atrai para regiões profundas.

Com certeza, não os procurei o suficiente, porém, nessa minha breve busca, não encontrei nenhum em condições de me responder ou que eu pudesse socorrer. Uns até queriam o socorro, mas somente para se livrarem do sofrimento ou para se sentirem melhores e livres para se vingar de desafetos. Mas a dor ensina, ela não tem pressa. Com toda a certeza, a dor amiga fará com que se arrependam a ponto de quererem se modificar para melhor.

CAPÍTULO 9

IGNORANDO

Mediunidade não é um dom – no sentido de privilégio –, é uma disposição orgânica, natural a todos nós, porém em maior ou menor grau. É a faculdade dos médiuns.

Médiuns são intérpretes dos espíritos desencarnados. Recomendo àqueles que queiram se inteirar mais sobre o assunto a leitura de *O livro dos médiuns*, de Allan Kardec.

Entrevistei três espíritos que, encarnados, foram médiuns com mais potencialidade, isto é, em maior grau, viam, escutavam desencarnados, mas não quiseram essa potencialidade, tentaram ignorá-la e a deixaram infrutífera.

Encontramo-nos numa sala privativa de uma colônia. Meus entrevistados foram: Nair, Júlio e Anísio. Após cumprimentos e explicações, fiz a primeira pergunta:

— Como conviveram com a mediunidade quando encarnados?

— Sentindo vergonha de ser médium — respondeu Júlio. — Desde garoto, via e conversava com desencarnados. Minha mãe achava isso o máximo, orgulhava-se da minha faculdade, contava para todos as minhas vidências. Com onze anos, achando-me ridículo, conversei com meus pais e pedi para eles não dizerem mais nada sobre isso a ninguém, e cheguei a desmentir minha mãe, afirmando que não via nada nem escutava as almas do outro mundo. Tinha mesmo muita vergonha desse fato. Adulto, fui a psicólogos, um deles me recomendou a leitura dos livros de Allan Kardec. Li alguns pedaços de O livro dos espíritos e O livro dos médiuns, *não gostei*. Desisti da psicologia. No meu caso, ela não ajudou, e resolvi ignorar a mediunidade.

— Eu — falou Nair — também resolvi ignorar a mediunidade. Mas nem sempre foi possível, pois, querendo ou não, via desencarnados e os escutava; isso me foi muito desagradável. A verdade é que a rejeitei. Temendo preconceito, não comentava com ninguém, somente minha mãe sabia.

— Não convivi bem com a mediunidade — contou Anísio. — Minha mãe e alguns familiares me aconselharam a aprender a lidar com essa faculdade e trabalhar fazendo o bem. Não quis. Pelo pouco que escutei, li, se seguisse a Doutrina Espírita, deveria mudar minha conduta, não ter certas atitudes erradas de que gostava. Resolvi deixar para me dedicar aos trabalhos mediúnicos quando estivesse velho, e o tempo passou: nem me modifiquei, nem trabalhei com a minha mediunidade.

— Vocês acham que foram, de alguma forma, penalizados? Sofreram por terem ignorado a mediunidade? — indaguei.

— Penso que não — respondeu Júlio. — Achava desagradável ser diferente, era o que pensava, que era diferente das outras pessoas. Tive uma vida normal. Preferi pensar que minha vidência era fruto de minha mente, que imaginava tudo, mas, *na maioria das vezes, era tão real que pude comprovar serem verdadeiras minhas experiências. Aí não dava para acreditar que era somente imaginação. Por exemplo: via um espírito perto de alguém, descrevia-o e a pessoa afirmava ser uma tia ou avô que já tinha falecido, e eu nunca os tinha visto encarnados. Resolvi não falar mais e ignorar. Penso mesmo que tive uma existência comum no Plano Físico.*

– Nossa! – exclamou Nair. – *Estou admirada com sua resposta. Minha vida encarnada foi um tanto complicada por ter ignorado a mediunidade. Sentia-me inquieta, nervosa, depressiva, adoentada, ia muito a médicos e estive sempre em tratamentos. Teria vivido muito diferente se não tivesse ignorado a minha mediunidade. Você pode nos dizer por que essa diferença entre nós?*

– Sei um pouco – falou Júlio. – *Quando nós nos preparamos, planejamos reencarnar e ser médiuns, ignorar essa capacidade traz desconforto. O espírito sente o tempo passar e os planos não se realizarem, fica triste e transmite ao corpo físico esta tristeza. Foi me explicado que não planejei, apenas herdei a mediunidade, como herdei os cabelos ruivos, de minha avó.*

Como os três me olharam, tentei esclarecê-los.

– No livro O Evangelho segundo o Espiritismo, *de Allan Kardec, no Capítulo 28, "Coletânea de preces espíritas", no item 8, o codificador tirou da Bíblia, Atos, 2:17 e 18: "Nos últimos tempos, disse o Senhor, derramarei do meu Espírito sobre esta carne; vossos filhos e vossas filhas profetizarão, vossos jovens terão visões, e vossos velhos, sonhos. Naqueles dias, derramarei de meu Espírito sobre meus servos e sobre minhas servas, eles profetizarão". Entendo que o grau mediúnico será aumentado entre os encarnados, e a mediunidade será, no futuro, para todos. No Plano Físico, herdamos essa sensibilidade. Um espírito que, antes de reencarnar, planeja ser médium, se prepara, faz planos, o será. É muito difícil existir uma família*

na qual não se possa herdar essa particularidade. Mas o espírito reencarnado não se lembra dos propósitos feitos, e muitos precisam sofrer para ir à procura de auxílio; outros, como Nair, preferem continuar ignorando. Temos o livre-arbítrio, e as escolhas são nossas. Existem pessoas, como Júlio, que herdaram a mediunidade, e fazer bom uso disso seria uma grande oportunidade de aprendizado. Como não foi planejado, ele não sentiu a frustração de ter de fazer algo que não fez. Esse é o motivo dessa diferença. Conheço algumas pessoas que veem, escutam desencarnados, têm mediunidade em maior grau, mas vivem tranquilos, com problemas comuns, não sofrem mais nem menos por esse motivo, por essa faculdade. Enquanto outros, que pediram a mediunidade como bênção para reparar erros cometidos em existências passadas ou como uma oportunidade para progredir, ao ignorá-la, sentem-se espiritualmente frustrados e, consequentemente, tristes. É sempre desagradável a sensação daquele que pode fazer e não faz o bem, a sensação de ter planejado uma tarefa e não a realizar. – Fiz uma pausa e depois pedi: – *Por favor, Anísio, sua resposta.*

– *Aconteceram fatos na minha vida encarnada que não eram para ter ocorrido, espíritos maus me influenciaram para que fatos desagradáveis acontecessem comigo. Não fui uma pessoa simpática: insatisfeito comigo, não conseguia fazer com que alguém ficasse contente com a minha presença. Paguei caro por ignorar a minha mediunidade. Se seguisse conselhos, teria feito o bem, talvez melhorasse minha conduta e evitasse, para meu próprio bem, as farras, orgias e bebedeiras. Desencarnados maldosos não conseguiriam me influenciar e, com certeza, teria sofrido bem menos.*

– *Vocês se arrependeram de terem ignorado a mediunidade?*

– *Arrependo-me, sim* – lamentou Anísio. – *Desencarnei e sofri muito. Não foi somente por esse motivo: cometi erros e não tive merecimento de um socorro. Se tivesse aprendido* a lidar com a minha mediunidade, me tornado espírita, teria dado exemplo à minha família e talvez eles fossem espíritas também. Aí, teriam percebido que eu estava sofrendo e pedido auxílio para mim. Mas, se eu tivesse realizado o bem com a mediunidade, não teria vagado, pelo menos teria percebido que meu corpo físico tinha parado suas funções.

— Também sinto por ter ignorado minha mediunidade — lamentou Júlio. — Perdi uma grande oportunidade de aprender, progredir espiritualmente. E quando se reconhece que se perdeu uma oportunidade importante, dói muito.

— É verdade — elucidei-os. — O não fazer o que poderia ter sido feito gera débito, e todo débito causa dores. Ao realizar o bem, somos envolvidos em satisfação, alegria, gratidão, e o não fazer dá a sensação do vazio daquilo que é acarretado pela realização do bem. E este vazio normalmente causa tristeza, insatisfação e infelicidade.

Olhei para Nair e a convidei a falar.

— Demorei a me arrepender. Pensava que não tinha pedido para ser médium, não queria ter sido e que fora injustiça ter nascido com essa sensibilidade. Para mim, esse fenômeno deveria ser dado por Deus somente para quem o quisesse e que deveria poder ser trocado: eu não quero, você quer, fique com ele. Quando desencarnei, vim a saber que, sim, eu havia pedido e planejado trabalhar com a mediunidade: chorei e me arrependi por tê-la ignorado. Minha vida encarnada teria sido bem diferente. Foi me explicado que por isso sentia a sensação de vazio, diagnosticada como uma depressão terrível. Penso que comigo não foi tão grave como pode ter ocorrido com outras pessoas. Tive, ou tenho, uma sobrinha, filha de minha irmã, que aos vinte e cinco anos se suicidou. Ela era médium e obsediada, terrivelmente perseguida. Penso que, se eu tivesse aprendido a lidar com a minha sensibilidade, poderia tê-la ajudado. Minha irmã somente procurou para a filha *ajuda médica. Essa minha sobrinha era depressiva e muito infeliz. Assim que entendi que tinha vindo para o Além, quis vê-la. A pobrezinha, meses depois que havia desencarnado, foi socorrida e está numa colônia que abriga esses imprudentes, os ex-suicidas. Ela se arrependeu profundamente e me contou que seu ex-obsessor também foi socorrido e que não o viu mais. Ela queria estar encarnada, lamenta a dor que causou aos pais, ao irmão e ao namorado. Não sei por que os religiosos deixam isso acontecer, deixar que essa jovem fosse influenciada a ponto de matar sua vestimenta física e...*

— Nair — decidi interrompê-la para esclarecê-los —, todos nós temos livre-arbítrio, e a decisão de servir ou ser servido é nossa. Faltam servidores, aqueles que fazem o bem sem olhar a quem, em todos os lugares dos dois Planos, Físico e Espiritual. Se você tivesse servido, não precisaria ter sofrido e ser servida. Não devemos criticar aquele que faz, que trabalha no bem, estes pelo menos estão sendo úteis e, se não fazem mais, é, com certeza, por não conseguirem ou não terem permissão.

— Peço desculpas — rogou Nair —, eu não tenho direito de criticar. Mas é sempre assim: os servidos querem exclusividade e ser bem atendidos, exigem daqueles que servem. Infelizmente, achava que servir era algo inferior e que ser servido me tornava superior. Tive de sofrer para compreender que é o contrário. Inferiores são os infelizes mendigos necessitados de favores, e felizes são os que doam.

— Nós, que aprendemos — elucidei-os —, somos ainda necessitados, mas, como auxiliamos, somos auxiliados. É fazendo o bem que nos tornamos bons e, quando nos tornamos bons, somos autossuficientes. Fomos criados para viver em sociedade, e o bem viver consiste em um ajudar o outro. Isto é maravilhoso! Num intercâmbio de amor, devemos lembrar os benefícios recebidos e não recordar as ações benéficas que realizamos. E é necessário aprender a ser útil para fazê-lo com

sabedoria e aí compreendemos que não podemos fazer a lição que cabe ao outro. Sua sobrinha foi obsediada. O obsessor, julgando-se vítima, optou por se vingar e, se ela tivesse pedido auxílio a pessoas religiosas ou ao Espiritismo, com certeza teria sido ajudada. Tenho visto muitos casos parecidos serem resolvidos em centros espíritas e em locais de orações onde encarnado e desencarnado recebem orientações; assim, tragédias são evitadas com auxílio daqueles que não ignoram a mediunidade, que não se envergonham de servir.

Nair chorou, desculpou-se e concluiu:

— *Agora entendo que, ao não fazer o que nos compete, podemos, de fato, acarretar dores não somente a nós, mas a outros!*

— *Como foram as suas mudanças de plano?* — fiz mais uma pergunta.

— *Ignorei minha mediunidade quando encarnado* — contou Júlio. — *Porém, tive uma vida regrada, não agi com maldade com ninguém, fiz caridade e costumava orar. Meu corpo físico morreu e me perturbei: a morte, para mim, não era daquela forma. Minha mãe, que há anos tinha feito sua passagem, conversou comigo algumas vezes até que consegui entendê-la. Minha perturbação durou oito meses e sofri neste período. Meu retorno à espiritualidade foi, para mim, uma grande decepção, não encontrei Céu ou Inferno. Percebi que a morte do meu corpo carnal não me modificou, nem vi ou fiquei mais perto de Deus. A desencarnação não me tornou perfeito, continuei a ser eu mesmo, com a mesma disposição para o bem e para o mal. Sou como fui antes.*

— *Senti pavor quando senti que algo diferente havia acontecido comigo!* — exclamou Nair. — *Ouvi risadas, deboches e espíritos me dizerem que eu era uma defunta. Senti muito medo. Não merecia um socorro, mas também não tinha afinidade para ir para o umbral e fiquei vagando no cemitério. Eu, que não quis fazer o bem com a mediunidade, temendo gozações, ingratidões e calúnias, enquanto vagava, foi o que senti e ouvi. Foi depois de muito sofrimento que roguei por piedade e escutei: "Quantas pessoas você deixou de atender e que clamaram piedade?". Mas um socorrista me auxiliou e recebi socorro.*

— Nair — *tentei explicar* —, *quem planeja servir, ser útil, não deve se frustrar, decepcionar, se não for compreendido. Espinhos não ocultam as rosas. Sombras podem fazer parte de um trabalho de luz.*

Nair suspirou, concordando, e Anísio respondeu:

— *Penso que os médiuns que fizeram boas ações com essa disposição orgânica compreendem de imediato que seus corpos físicos pararam suas funções e que terão de mudar de plano. E, certamente, companheiros de trabalho os ajudarão. Isso, com certeza, é sua grande recompensa. Como ajudou, é ajudado. Como neguei essa possibilidade, perdi a chance, e a minha desencarnação foi complicada, dolorosa, vaguei em sofrimento e fiz os que me amavam sofrerem com a minha presença indevida, pois fiquei ao lado da esposa e dos filhos. Foi depois de muito padecimento e cansaço que pedi auxílio e fui socorrido. Quero lembrar que fiz coisas boas, caridades, mas agi também muito errado, cometi pecados que julguei terem sido perdoados pela confissão. Que ilusão! Deveria ter raciocinado que não é fácil ficar sem as reações de nossos atos. Que as consequências do abuso somente podem ser anuladas em nós pelo trabalho no bem ou pelo sofrimento. Mas não foi somente por ter ignorado minha sensibilidade que sofri, foi também pelas minhas atitudes imprudentes.*

— *Vocês pedirão a mediunidade na próxima reencarnação?* — continuei com meu questionário.

— *Não* — falou Júlio determinado. — *Quero aprender a fazer algo útil aqui no Além e, quando puder reencarnar, quero estar mais preparado. Poderei mudar de opinião, porque devo ficar* na erraticidade por muitos anos. Mas, se tivesse de decidir neste momento se iria querer ter mediunidade em maior grau, responderia que não. Não acho agradável ver espíritos e conversar com eles.

— Ora, você é um espírito desencarnado! — exclamou Anísio. — No físico, continuará sendo espírito. Não gostaria de dar recados para sua família que está lá na Terra?

— Não quero dar recado nenhum — respondeu Júlio. — Eles não acreditariam mesmo. Penso que esse intercâmbio não deveria existir.

— Deus faz tudo perfeito! — concluiu Anísio. — Esse intercâmbio é maravilhoso. Quero pedir para ser médium quando for reencarnar e, para não fracassar novamente, vou aprender a servir. Quero trabalhar bastante, estudar para ser uma pessoa útil.

— Eu ainda não sei se quero reencarnar e ser médium — respondeu Nair. — Quero, no presente, fazer como Anísio: aprender a trabalhar, suavizando dores para ter as minhas suavizadas. Vou, assim que possível, pedir perdão à minha sobrinha, poderia tê-la ajudado e não o fiz. Se tivesse frequentado um centro espírita e aprendido a ser útil com minha mediunidade, teria argumentos para convencê-la a frequentar um. Teria ajudado a ela e também ao seu obsessor.

— Teria auxiliado um ser maldoso? — perguntou Júlio.

— Não somos todos irmãos? Quem não perdoa é porque foi maltratado, ela deve ter feito algo de ruim a ele. Ajudaria o obsessor, sim — falou Nair.

— Quem faz o bem não deve indagar o que o necessitado fez ou deixou de fazer — lembrei-os. — Alguém, ao socorrê-los, perguntou o que fizeram de errado para estarem sofrendo? Foi imposta alguma coisa além de pedirem para seguirem as normas do abrigo? Quando o arrependido roga por socorro, aqueles que se propõem a ser úteis tentam ajudar. No caso da sua sobrinha, se ela pedisse ajuda, receberia, com certeza. O *obsessor seria orientado e, se ele se recusasse a se afastar dela, não conseguiria mais influenciá-la, pelo menos não a ponto de motivá-la a matar seu corpo físico. E todos nós, infelizmente, cometemos erros dos quais nos arrependemos.*

— Quem não erra de um jeito erra de outro! — opinou Anísio.

— Até concluirmos que temos que nos modificar para melhor, caminhar para o progresso — esclareci e fiz minha última pergunta: *— Agora, neste momento presente, vocês acham que a mediunidade poderia ter lhes feito algo de bom?*

— Se não a tivesse ignorado, teria aprendido muito — concluiu Júlio. *— Esse aprendizado teria sido muito útil. Com toda a certeza, teria entendido que desencarnei, teria feito amizades com espíritos benfeitores que me auxiliariam.*

— Muitos acontecimentos — respondeu Anísio — *que me causaram dores não teriam ocorrido se tivesse feito o bem com a mediunidade. Não teria passado o vexame de ter morrido e não percebido, com certeza, teria sofrido bem menos. Planejei resgatar, com trabalho no bem, minhas dívidas. Não fiz o que me propus a fazer e ainda acumulei erros e somente me restou a dor. A mediunidade é uma bênção, uma graça que rejeitei.*

— Ontem, conversando no jardim, escutei um senhor que trabalhou com a mediunidade, ajudando pessoas, afirmar que essa foi uma oportunidade valiosa que muito o ajudou. Voltou ao Plano Espiritual com um precioso tesouro de conhecimentos. Concluo que recusei este tesouro — lamentou Nair.

Conversamos por mais alguns minutos, depois despedi-me abraçando-os e os incentivei a aprender a servir para se tornarem úteis e serem felizes.

CAPÍTULO 10

APRENDENDO A SER ÚTIL

"Comum" é algo de todos ou de muitos, da maioria; é algo corriqueiro, habitual ou usual.

Por que dei esta definição? Simplesmente porque, em nosso planeta Terra, a grande massa de espíritos que o habita pode ser classificada como comum, ou seja, a maioria ainda nem é boa e nem má, age errado e tem atitudes acertadas. Estão em aprendizado, caminham rumo ao progresso, mas, infelizmente, tropeçam.

Recebi, com muito carinho, meus convidados, Helena, Edson e Carolina, no meu espaço privativo na colônia onde moro. Depois de cumprimentos e explicações, fiz a primeira pergunta:

— *Como lidaram com a mediunidade no período em que estiveram encarnados?*

— *Foi difícil para mim aceitar a mediunidade* — respondeu Edson. — *Não gostava nem um pouco de ser diferente, de ver e ouvir desencarnados. O medo me levou a ir a um centro espírita e lá encontrei muitas mulheres: achei que a mediunidade era somente para o sexo feminino e não quis ir mais. Meses depois, não me sentindo bem e vendo muitos espíritos, acabei voltando; dessa vez encontrei alguns homens e me adaptei. Participei de grupo de estudos e, aliviado, entendi que não era candidato à loucura, nem era diferente, o que sentia, via e ouvia eram fenômenos comuns à maioria do grupo. Foi um período mais tranquilo: aprendi a dar passes, passei a ajudar nas sessões de desobsessão. Se houvesse somente essa questão na minha vida, tudo teria sido mais sossegado. Mas a mediunidade foi somente algo a mais, um pequeno detalhe em nossa vida diária. E tive diversos problemas que seriam, sem dúvida, bem maiores se tivesse ignorado essa sensibilidade.*

— *Também fui pela dor* — contou Carolina. — *Cansada de sentir arrepios, tristezas, vontade de chorar, de perceber que alguém estava ao meu lado, fui procurar auxílio. Sentia-me bem quando recebia passes e, como gostava de ler, a literatura espírita me atraiu: passei a frequentar o centro espírita e aprendi a trabalhar fazendo o bem com a mediunidade.*

— *Nasci numa família espírita* — contou Helena. — *Isso me facilitou a compreender a minha mediunidade, desde pequena via espíritos, sentia-os perto de mim. Meu espírito se afastava do corpo físico com facilidade. Por esse fato, meus pais passaram a ser mais ativos no centro espírita e eu estudei a Doutrina desde menina. Adulta, dava passes e fazia parte dos trabalhos de orientação a desencarnados.*

— *Quando encarnados, vocês fizeram tudo que planejaram em relação à mediunidade?* — quis saber.

— *Não!* — exclamou Edson, se lamentando. — *Penso que não fiz nem a metade.*

— *Eu poderia ter feito muito mais* — afirmou Helena. — *Mas dei prioridade a muitas outras coisas: ao meu emprego, ao esposo, aos filhos, à família. Compreendi que não errei por esse motivo, mas, se quisesse, poderia ter me dedicado mais. Deixei de fazer e de aprender.*

— *Infelizmente* — lastimou Carolina —, *fiz muito pouco com a mediunidade e ainda bem que as boas ações que fazemos não são anuladas pelas ações indevidas. Arrependo-me muito por não ter feito todo o bem que poderia por meio da mediunidade. Deveria ter seguido o exemplo de Jesus. O Mestre Nazareno foi médium, não foi?*

A pergunta me foi dirigida, e respondi:

— *Devemos, em todas as circunstâncias de nossa existência, seguir os exemplos do nosso Mestre Jesus. Em dúvida sobre como agir, tentar imaginar o que Jesus faria naquele momento.*

Fiz uma pausa, peguei na estante o livro *A gênese*, de Allan Kardec, e o abri no Capítulo 15, "Os milagres do Evangelho", item "Superioridade da natureza de Jesus". Li:

— *"Agiria Jesus como médium nas curas que operava? Poder-se-á considerá-lo poderoso médium curador? Não, porquanto o médium é um intermediário, um instrumento de que se servem os espíritos desencarnados, e o Cristo não precisava de assistência, pois era Ele quem assistia os outros. Agia por si mesmo, em virtude de seu poder pessoal, como o podem fazer, em certos casos, os encarnados, na medida de suas forças. Que espírito ousaria insuflar-Lhe seus próprios pensamentos e encarregá-Lo de os transmitir? Se algum influxo estranho recebia, esse só de Deus Lhe poderia vir."*

— *Que explicação esclarecedora de Allan Kardec! Vou ler esse livro!* — determinou Carolina.

— No trabalho com a mediunidade, vocês tiveram queixas, sentiram-se magoados ou guardam alguma recordação ruim? – perguntei.

— Tive, sim – afirmou Carolina. – Era... ou ainda sou... estou tentando não ser mais... melindrosa. Fazia tudo direitinho, isso no meu conceito, e queria ser reconhecida, fazer falta, diferença. Se achava que não davam valor ao que fazia, chateava-me. Cheguei a mudar de grupos, ia a um centro espírita, aborrecia-me e, então, passava a ir a outro. Queria que as pessoas entendessem que me sacrificava.

— E você se sacrificava? – indagou Helena, curiosa.

— Pensava que sim – respondeu Carolina. – Foram muitas as vezes que abri mão do lazer, de ficar com a família, ou simplesmente de ficar em casa descansando, para ir ao centro espírita ajudar as pessoas a se livrarem das consequências de seus atos indevidos; algumas sentiam até vergonha de ir lá, preferiam conversar comigo no meu trabalho ou em casa. Muitos nem agradeciam.

— Aqueles que aprendem e tentam ensinar – esclareci – devem observar um professor de instrução em escolas infantojuvenis. Ele dá a matéria; para isso, prepara-se e como se aprende quando nos preparamos para transmitir conhecimentos! Mas aqueles que ali estão para aprender não agem igualmente. Uns aprendem toda a matéria; outros, uma porcentagem; e alguns, infelizmente, não absorvem nada. O exemplo que aprendemos e, consequentemente, tentamos ensinar é primordial. Quanto à gratidão, sentimento belíssimo, é em nós que a devemos cultivar e da qual devemos dar o exemplo. Benefício nenhum que proporcionamos deve ser cobrado. O que aprendemos fazendo o bem é um tesouro adquirido para sempre. O bem que é feito não deve ser visto como sacrifício. Pode ocorrer em médiuns, quando começam a entender sua paranormalidade: fazer o bem sentindo-se forçados porque não *querem voltar a sofrer, a sentir os incômodos antes sentidos. Mas, conforme o fazemos, aprendemos a gostar, porque rapidinho entendemos que primeiro o fazemos a nós e, com a prática do bem, aprendemos a amar. Tudo que se faz com amor é prazeroso. E o lugar certo para se trabalhar com a mediunidade é no centro espírita. O médium deve seguir normas e ordens para ser útil. O lar é para o convívio familiar. O trabalho do qual resulta a sobrevivência física não é indicado para atender ninguém e lá não devem ser abordados assuntos religiosos. A pessoa está ali para fazer sua obrigação, sua tarefa. A atividade espiritual deve ser feita em local próprio. Educadamente, deve ser dito às pessoas que procuram os sensitivos, seja em seu lar ou em seu trabalho, que assuntos de orientação, auxílio, devem ser tratados no centro espírita. E se o necessitado não quiser ir, por vergonha ou por outros motivos, não é problema do médium. Uma ajuda segura se faz em lugar apropriado. O médico não faz uma cirurgia delicada na casa dele, um instrutor de natação não dá aulas numa caixa-d'água, etc. Normalmente, em quase todos os centros espíritas existe um posto de socorro, local onde se podem abrigar desencarnados: ali há equipe de socorristas de plantão e, em horários marcados para eventos, estão presentes os servidores. A união faz a força; cada um fazendo sua parte, os resultados aparecem.*

— *Como faço para amar o auxílio dado?* — Carolina quis saber.

— *Compreender que é bem melhor servir que ser servido* — respondi. — *Não fazer automaticamente, mas, sim, pensar no que faz e por que faz. Um bom exercício é nos colocarmos no lugar do beneficiado. Ter a compreensão de nossos atos nos leva, com certeza, a trocar o fazer por dever pelo querer. Quando fazemos porque queremos, encontramos a alegria em servir, o prazer de ser útil e, consequentemente, a felicidade interior que nenhum acontecimento externo abala.*

Fizemos uma ligeira pausa, e olhei para Edson, esperando pela sua resposta.

— *Eu tenho motivos para me envergonhar e me arrepender. Depois que estudei o básico da Doutrina Espírita e li muito, passei a fazer parte do grupo. Muitas vezes, orgulhei-me de ter resolvido problemas e gostava de receber elogios. Preferi ignorar que somente participava de uma equipe e que a força da união é que dava resultados. E, infelizmente, houve uma época em que me apaixonei por uma colega do grupo, éramos ambos casados. No começo, pensei ser somente admiração; depois, envolvemo-nos e, por seis meses, encontramo-nos. Sentindo-nos errados, separamo-nos. Ela afastou-se do centro espírita e passou a ir a outro. Sofri com a separação. Isto me fez compreender que eu não era um médium perfeito, que errara e tentei vencer o orgulho.*

— *Embora* — falou Helena — *tenha recebido formação espírita desde pequena, duvidei muitas vezes de minhas vidências, da minha mediunidade, cheguei a me afastar por um período do centro espírita. Pensava que poderia estar mistificando e acumulando mais erros em vezes de quitá-los. Mas não fazer por medo de errar não é desculpa justificável. Quem não faz também não caminha e somente tropeça quem caminha. E pode-se aprender com os erros. Também me sentia cobrada, aborrecia-me com comentários: "como você, sendo médium, veste-se bem, vai a festas, restaurantes, bebe vinhos?". Não gostava dessa cobrança.*

— *É porque você dava importância à opinião das pessoas* — opinou Carolina. — *Não acho nada de mais você fazer o bem e ter uma vida social, distrair-se. Qual é a sua opinião, Antônio Carlos?*

— *"Santo da terra, do lugar, não faz milagres!"* — elucidei. — *Escutei muitas vezes esta frase. As pessoas querem ser servidas ou confiar em alguém perfeito, e se souberem ou concluírem que essa pessoa que auxilia é comum, tem vícios e virtudes, que fica nervosa, sente dores, enfim, que é um ser humano que tenta melhorar, decepcionam-se. Os evangelistas nos contam que Jesus não fora aceito na cidade em que residiu. Infelizmente, muitas pessoas pensam, erroneamente, que devem ser auxiliadas por um ser excepcional, virtuoso: cobram do outro em vez de melhorarem e serem elas as virtuosas. Vivemos em sociedade e, muitas vezes, necessitamos participar de eventos, de lazeres, sem com isso interferir em nosso trabalho de ajuda. Por mais que uma pessoa faça, nunca será perfeita para todos; primeiro, porque, de fato, não é perfeita, segundo, porque recebem mais críticas aqueles que agem e fazem.* – Mais uma pausa e mais uma pergunta: – *O que a mediunidade lhes deu de bom?*

– *O conhecimento!* – exclamou Helena. – *Aprendi muito nesta encarnação e trouxe para o Plano Espiritual esse tesouro, esse conhecimento.*

– *Concordo com Helena* – respondeu Edson. – *Também penso que a mediunidade foi uma grande oportunidade de aprendizado.*

– *Pela mediunidade, aprendi a ser caridosa. Penso que foi isso o mais importante: aprender a trabalhar auxiliando* – afirmou Carolina.

– *Como foram suas desencarnações?* – continuei com o meu questionário.

– *Fiquei meses muito doente* – contou Edson –, *meu desligamento foi tranquilo. Fui socorrido pela equipe de companheiros e percebi, assim que acordei, que desencarnei. Ter conhecimento facilita muito essa compreensão. Fui grato a essa ajuda e tentei logo ser útil aqui no Plano Espiritual.*

– *Também estive enferma* – respondeu Helena. – *Dias antes de o meu corpo físico parar suas funções, escutava palavras de conforto e ânimo de desencarnados, familiares e da equipe de servidores do centro espírita que frequentava.*

Mudar de plano foi como dormir, e acordei numa colônia. Perceber que fez a mudança para o Além é a primeira bênção de quem estudou e orientou espíritos em sessões de desobsessões e orientações.

— *Desencarnei de repente* — disse Carolina. — *Um enfarto despejou-me do físico. Fiquei confusa por instantes, vendo meu corpo sendo examinado e médicos tentando reanimá-lo. Vi amigos espirituais, desta vez de forma diferente, mais nítidos, e compreendi, de imediato, que era hora da minha grande viagem. Tranquilizei-me, confiei, e eles me trouxeram para uma colônia.*

— *A desencarnação lhes trouxe algum sofrimento?* — quis saber.

Foi Edson o primeiro a responder.

— *Senti vergonha de meus atos errados e...*

— *Você se envergonha muito e...* — interrompeu Carolina, que foi também interrompida.

— *Envergonho-me porque não agi corretamente!* — exclamou Edson. — *Realmente, envergonhei-me de muitas atitudes imprudentes. Aqui, nesta conversa, estamos nos referindo somente à mediunidade, que foi apenas uma parte de minha vida. Infelizmente, cometi alguns atos indevidos. Ao ser socorrido, ter recebido auxílio e ser tratado com tanto carinho, senti remorso e me envergonhei. Deveria ter sido uma pessoa melhor. Sofri pelo remorso e também pela saudade dos familiares, pela falta do meu lar e tive que me esforçar para me adaptar à nova maneira de viver.*

— *Também senti falta da vida encarnada* — admitiu Carolina. — *Sofri com a saudade de minhas filhas e por pensar que elas iriam sofrer com a minha ausência. Mãe sempre pensa que faz falta. Senti também por não ter feito mais caridade, por ter agido com impaciência, isso em relação à mediunidade, porque, em outros assuntos, fiz coisas boas e outras nem tanto.*

— *Também senti muito por deixar a família* — concluiu Helena. — *E pelo meu esposo logo ter casado novamente. Querer que os outros sofram por nós é um grande egoísmo. Sofri por ser ainda egoísta, queria que sentissem minha falta e que meu marido nunca mais arrumasse outra pessoa. E o sentimento de que poderia ter feito mais e melhor com a minha mediunidade me fez sentir remorso.*

— *Se a desencarnação de vocês fosse um sonho e se acordassem encarnados neste momento, mudariam algo em seus trabalhos mediúnicos?* — perguntei.

— *Penso que mudaria em muitas coisas* — respondeu Helena. — *Na convivência familiar, procuraria me esforçar para não me melindrar mais e... Bem, dedicaria mais tempo aos trabalhos mediúnicos e estudaria mais.*

— *Agiria de forma correta para não me envergonhar* — disse Edson, determinado. — *Como Helena, iria estudar e dedicar mais tempo a tarefas voluntárias. Também tentaria, em outras atividades, agir melhor, ter mais acertos que erros.*

— *Penso que agiria como os dois; iria, com certeza, me dedicar mais* — opinou Carolina.

— *Quais são seus planos para o futuro?* — indaguei.

— *Trabalhar bastante e conhecer o Plano Espiritual* — respondeu Carolina.

— *Fazer cursos aqui na espiritualidade e aprender para ser uma protetora de um encarnado. Planejo ser companheira de trabalho de uma de minhas netas, que herdou de mim a mediunidade.* — Helena já fizera seus planos.

Edson pensou por uns instantes e respondeu:

— *Estou aprendendo a trabalhar e desejo, assim que me for possível, participar de tarefas em locais que não são os preferidos por muitos, como em certas enfermarias de postos de socorro no umbral, isso como oportunidade para domar meu orgulho.*

— *Vocês pedirão ao reencarnar para serem novamente médiuns?* — fiz a última indagação.

— *Não pensei ainda nessa possibilidade* — falou Edson.

— *Pretendo pedir para ser novamente médium quando for reencarnar* — respondeu Carolina. — *A mediunidade foi, para mim, uma graça, por ela reparei erros e aprendi muito. Quero ser médium e amar muito esta aptidão.*

— *Também gostaria de ser médium novamente!* — afirmou Helena. — *Mas sem vícios e com mais qualidades. A mediunidade é uma bênção, uma graça recebê-la, e sou grata por tê-la tido em maior grau.*

Despedimo-nos, agradeci e trocamos abraços afetuosos.

CAPÍTULO 11

O USO INDEVIDO DA MEDIUNIDADE

"Abuso" é um uso incorreto das leis que nos regem ou das leis de Deus. Tudo que fazemos sem amor e caridade, coisas que não gostaríamos que fizessem conosco, resulta em abuso. Teremos de prestar contas das ações indevidas que cometemos pela liberdade que nos foi dada. O abuso nos desequilibra e, para nos equilibrarmos, harmonizarmo-nos, é necessária uma reparação com amor e muita caridade, ou com a dor.

Tive notícias de que, na periferia de uma cidade, residia um médium que fazia trabalhos que resultavam em males para pessoas. Gostaria de explicar o porquê de usar o termo "trabalho". Essa palavra significa "realização de uma atividade", seja ela para qualquer fim. Como seria bom se toda ação fosse somente para o bem, mas, infelizmente, uma ação trabalhosa pode ser desastrosa. Pessoas, médiuns, que fazem o mal passam horas, dias em atividades, estão, de fato, trabalhando e normalmente são remuneradas. Também quero lembrar que maldades assim feitas necessitam, para prejudicar, ter ressonância: a pessoa, o alvo, precisa vibrar com afinidade. Estou narrando minhas entrevistas, mas quero alertar que aquele que encomenda, ou seja, que paga para imprudentes fazerem esses trabalhos, macumbas, feitiços, etc., é mais imprudente ainda e propício a receber o retorno. A maldade marca primeiro os que a fizeram e mais ainda os que mandaram: o retorno é inevitável.

Visitei, sem ser visto, o lugar onde o médium exerce suas funções. A rua era estreita, de terra batida com cascalho. Encontrei um terreno grande, com árvores e portão alto para os carros entrarem e não serem vistos do lado de fora. O médium morava com a família a alguns metros do seu local de trabalho. Sua casa era confortável, e ele tinha vários filhos; era bom pai e fazia questão de que estudassem. Na construção, havia três salas pequenas com sofás e poltronas para espera, isso para visitantes não se encontrarem, e uma sala maior para consultas. Ele atendia com hora marcada, e o atendimento era pago antecipadamente. Uma moça, filha do médium, recebia as pessoas, indicava a sala de espera e recebia o pagamento, e o preço do trabalho a ser encomendado era acertado na conversa que acontecia em particular, ou seja, na consulta, como denominava este encontro. Assisti às três consultas. A primeira a ser atendida pelo sensitivo era uma senhora que estava muito à vontade, com certeza costumava frequentar o local. Foi recebida pelo médium com um aperto de mão.

— E então, poderá fazer o que lhe pedi? — indagou ansiosa.

— Já lhe fiz muitos serviços — respondeu o médium —, todos com resultados satisfatórios, tanto que a senhora retorna. Mas este, infelizmente, não poderei efetuar.

— Posso saber o porquê? — perguntou a senhora.

— O alvo, ou seja, a pessoa, ora muito, frequenta os cultos de sua religião e...

— Vocês não podem com eles?

— Não é isso — o sensitivo tentou se justificar. — Quando a pessoa não recebe nosso serviço, ele retorna a mim e à senhora, que está mandando. Não é melhor fazer algo diferente? Posso lhe dar a ideia.

— Ou seja, vender-me. Diga-me qual é.

O médium disse. Desculpe-me o leitor por não escrevê-la, não vale a pena divulgar maldades.

— É arriscado! Vou pensar. Não aguento desaforos, e esses meus vizinhos merecem uma lição! — a mulher exclamou exaltada.

A senhora levantou-se. Para a maioria, o desaforo de que se queixava não era ofensa, realmente era algo insignificante. O médium tinha conhecimentos e sabia muito bem que enviamos fluidos, energias boas, para as pessoas, mas, infelizmente, também as nocivas. Para receber tanto uma quanto a outra, tem que se estar receptivo. Aquela senhora fora saber se era possível ser feito o trabalho, com certeza encomendado em consulta anterior. O médium procurou saber se o alvo receberia a "encomenda"; como entendeu que não, preferiu não arriscar, porque sabia que, a pessoa não recebendo a maldade, esta se multiplicaria e os atingiria.

A segunda consulta era de um senhor que desabafou:

— Enjoei da minha amante; ela está me fazendo gastar muito dinheiro e ameaçando contar tudo para minha esposa.

Negociaram, e o senhor pagou. Para o médium, a amante, que se apaixonara por uma encomenda anterior, se afastaria sem problemas.

A terceira a ser atendida era uma moça, que pediu:

— Quero esse homem! Quero que se separe da esposa para ficar comigo. E para casar!

Falaram sobre o preço. Ela achou caro, porém prometeu arrumar a quantia. O médium disse que somente faria o trabalho após o pagamento. A moça queria pagar a metade, e a outra, com a separação. O médium não aceitou.

— Mas e se eles não se separarem? — a jovem perguntou.

— É um risco. Não posso impedir os alvos de procurarem ajuda. Mas você não disse que o casal não é religioso? Que brigam muito e não são caridosos? Dará certo!

O médium tinha empregados encarnados que o ajudavam, muitos desencarnados estavam por ali e um deles coordenava tudo. Fui ao portão, fiz-me visível a eles, bati, fui atendido e pedi para conversar com o coordenador Lucrécio. Fui encaminhado a uma sala, Lucrécio me recebeu, olhou-me bem e depois perguntou.

— *O que você quer aqui?*

— *Estou fazendo um trabalho de pesquisa, e o senhor foi escolhido para a entrevista.*

— *Por que fui escolhido?*

— *Porque foi médium quando estava encarnado* — respondi.

— *Somente por isso? Posso saber como fui escolhido e por quem?*

— *Este lugar é conhecido. O médium encarnado faz muitos trabalhos, e é você que faz tudo dar certo.*

— *Gosto de ser reconhecido e temido. Pode perguntar, respondo as perguntas que quiser. Aceita?*

— *Sim e agradeço* — concordei. — *Quando percebeu, encarnado, que era médium?*

— *Desde pequeno* — respondeu ele. — *Via as almas dos mortos e conversava com elas. Mocinho, tive que escolher: ser empregado de uma fábrica para ganhar dinheiro e frequentar um lugar para ajudar os outros com a minha mediunidade ou* ganhar dinheiro com o dom que Deus me deu. Fiz a segunda opção.

— E ganhou muito dinheiro? — continuei com a entrevista.

— Não! Ganhei bem menos que merecia, não fiquei rico.

— O médium, seu companheiro encarnado, ganha dinheiro?

— Não é bem ganhar — tentou Lucrécio explicar. — Ele trabalha, esforça-se, perde energias. O melhor é dizer que ele recebe pelo que faz. Vive com dificuldades, pois tem muitos filhos para sustentar, mulher, amantes e não consegue guardar nada. Algumas encomendas ficam caras.

— Como foi sua desencarnação?

— Minha desencarnação? Por que quer saber? Fiquei doente, senti dores, e meu corpo morreu.

Lucrécio respondeu somente isso. Porém, ele se lembrou, e eu vi seus pensamentos. Foram meses de muitas dores; teve um câncer que começou na pele e se espalhou. Seu corpo ficou com muitas feridas, e ele sofreu muito.

— Depois, o que lhe aconteceu? — quis saber.

— Companheiros desencarnados, bons amigos, não deixaram ninguém com ideia de vingança se aproximar de mim. Fiquei aqui, recuperando-me. Não temos ainda, infelizmente, os métodos que os bons espíritos usam para recuperarem o perispírito. Demorei, mas fiquei como antes de adoecer.

— Você já conhecia esse médium encarnado?

— Conhecia e fui eu quem lhe ensinou tudo — contou Lucrécio. — Não casei, não tive filhos, e a mãe desse sensitivo o trouxe aqui para uma consulta porque o garoto via espíritos. Ofereci ajuda, ele ficou comigo e aprendeu. Trabalhamos juntos encarnados e, quando vim para o Além, permaneci aqui, ele me atende, somos bons profissionais.

— Você se arrepende de ter agido diferente? Ou seja: de forma contrária aos ensinamentos de Deus? — perguntei.

— *Que ensinamentos são esses?* — Lucrécio me indagou fingindo-se indignado. — *Não fazemos nada que possa ser contrário aos ensinamentos de Deus! Diferente? Pode ser! Se você tivesse escutado as consultas de hoje, iria entender que não fazemos mal às pessoas boas. Não fazemos mal a ninguém; retribuímos, às vezes, àqueles que merecem. Uma senhora veio pedir, e ela até que tinha razão, para darmos um pequeno castigo aos vizinhos, mas vimos que eles oram, fazem o bem, e não aceitamos. Hoje também veio um senhor querendo afastar a amante que o incomoda. Isso é um bem!*

— *Para quem?* — ousei perguntar.

— *Para todos os envolvidos* — respondeu Lucrécio rindo. — *Para a esposa, que não será mais traída; para a amante, que irá procurar outro; e para o homem que pagou. Atendemos também uma jovem que está apaixonada por um homem e quer se casar com ele. Estamos fazendo um bem a ela, coitada da mocinha, gosta dele!*

— *Será que o pedido dessa moça não resultará em sofrimento para alguém?* — perguntei.

— *Isso não é problema nosso! O nosso é fazê-la feliz.*

— *Essa ideia não é ilusória? Você não está se iludindo para se convencer de que não age errado?*

— *Você não veio aqui para me ofender, ou veio?* — Lucrécio perguntou olhando-me sério. — *Não sou um iludido! Depois, não quero pensar nas consequências, mas, sim, nos resultados. Agimos certo, ajudamos a moça que veio nos procurar, é ela que está sofrendo.*

— *Você acha que Deus aprova seu trabalho?*

— *Se aprova, eu não sei, mas não deve desaprovar. Às vezes castigamos por Ele. Faz anos que agimos assim e, se Deus não interferiu, é porque não deve desaprovar.*

— *Com sinceridade, você gostaria de ser o alvo de um trabalho feito aqui?*

– Alvo? Não tem como – Lucrécio gargalhou.

– Temos que reencarnar: ora vivemos no corpo físico, ora não. E se você reencarnar e não receber a mediunidade, será uma pessoa comum, como esses que vêm aqui ou seus alvos, ou seja, as pessoas que recebem os efeitos de seus trabalhos. O que pensa que poderá lhe acontecer?

Lucrécio não respondeu e deu por encerrada a entrevista.

– Tenho muito o que fazer e não posso atendê-lo mais. Foguinho! – gritou, e um senhor entrou na sala. Ele ordenou: *– Acompanhe este homem até o portão e certifique-se de que ele foi embora.*

Foguinho tratou de cumprir a ordem: pegou no meu braço, levou-me até o portão e ordenou:

– Suma!

Infelizmente, não consegui fazer mais perguntas. Tenho ouvido de muitos que agem como Lucrécio essas desculpas injustificáveis: "faço o bem àquele que me pede", "o pedinte é que está sofrendo ou querendo". Preferem não pensar que, para atender um, prejudicam outros, ninguém faz o bem se alguém sofrer. Por isso, não são desculpados, e os erros se acumulam. Lucrécio contou que desencarnou e ficou ali e que companheiros desencarnados o protegeram para que ninguém se vingasse dele. Isso acontece: protegem-se, unem-se e são amigos até que se desentendam ou queiram o lugar que o outro ocupa ou não queiram mais obedecer o mais forte. Eles normalmente não aceitam fazer maldade para uma pessoa boa, e não é pelo fato de elas serem boas, mas, sim, porque não lhes convém e por saberem que não teriam resultados. Tudo, seja de bom ou ruim, que enviamos a alguém, se este não recebe, é porque não é receptivo. O que foi enviado volta para a origem quando recusado. Lucrécio sabia disso, e o sensitivo encarnado também. E como o médium disse na terceira consulta, o trabalho pode ter tudo para dar certo, porém, se um dos alvos pedir ajuda, não se conseguirá o resultado esperado. E essa ajuda é a pessoa orar e ter bons pensamentos, mas o maior medo deles é o de esse auxílio ser pedido num centro espírita, onde os desencarnados envolvidos serão orientados, receberão esclarecimentos e socorro. Eles não querem ficar sem seus empregados, escravos ou companheiros de trabalho. Os espíritos que compõem essas equipes, muitos o fazem porque querem e gostam, outros não entendem o que estão de fato fazendo e uma parte o faz porque é obrigada. Estes dois últimos são normalmente socorridos quando o auxílio é pedido.

A segunda entrevista foi com Naninha, que estava socorrida, abrigada numa colônia de porte pequeno. Encontramo-nos no jardim, sentamos num banco e comecei a questioná-la.

— *Naninha, você teve mediunidade em maior grau quando estava encarnada?*

— *Fui médium* — respondeu ela. — *Desde pequena, via e conversava com as almas dos mortos, não gostava e sofria por esse motivo. Minha mãe me levava para benzer e eu melhorava. Fui uma médium em potencial.*

— *Por favor, conte-me o que lhe aconteceu* — pedi.

— *Contar minha vida? Se quiser ouvir, conto sim. A mediunidade era para ser um fato, algo a mais em minha vida e acabou sendo quase tudo; pelo menos, foi o acontecimento principal. Quando menina e mocinha, ia me benzer e fui lidando com minha sensibilidade sem grandes problemas. Estava com dezenove anos, tinha um namorado e planejávamos nos casar. Ele me traiu, terminou comigo para ficar com a outra. E, nessa época, também meu pai foi despedido do emprego; para nós, da família, foi algo injusto, mas meu pai havia roubado. Resolvi me* vingar. Escutei conselhos dos bons espíritos e também ouvi os espíritos maus, que pediram para me vingar. Atendi aqueles que quis. Fui procurar um local onde médiuns faziam maldades e aprendi a fazê-las. Comecei os ajudando; depois, participando. Fiz tantas maldades ao meu ex-namorado e à moça que se tornou sua esposa que acabaram se mudando para longe e aí, então, eu os esqueci. Também fiz mal ao ex-patrão de meu pai, mas não consegui lhes fazer o que desejei porque eles procuraram ajuda e meus trabalhos foram ineficientes. Casei com um frequentador do terreiro e tive filhos. Pensava que era feliz, mas fui infeliz e não consegui fazer ninguém feliz.

– Você fez maldades com sua mediunidade? – perguntei.

– Demorei para entender isso. Para mim, estava ajudando uns, sem me importar se ia causar incômodos a outros. Em relação a alguns, pensava somente que os estava castigando. Pensava que Deus estava muito longe e com certeza não poderia ver todas as maldades cometidas e que eu e meu grupo tínhamos como punir essas maldades. Justificava-me: a Inquisição fez isso. E até hoje, algumas pessoas, julgando estarem certas, torturam e matam as que julgam estarem erradas. Assassinam com crueldade em nome de Deus. Por que eu não poderia castigar outras pessoas? Meu ex-namorado mereceu, retribuí somente a maldade que ele me fez. No início, desculpava com convicção meus atos.

– Foram aceitas suas desculpas?

– Nenhuma – lamentou Naninha. – Meu namorado tinha boas intenções comigo; porém, com o passar do tempo, percebeu que não me amava e conheceu outra pessoa que amou. Foi honesto comigo. Sofri, deveria ter me conformado e esquecido, mas quis me vingar. E Deus não está longe de nada: está em todas as partes e dentro de nós. Temos, para nos equilibrar, a Lei de Causa e Efeito. Se Deus não nos castiga nem dá prêmios, ninguém deve pensar em castigar.

— Como entendeu que agiu errado? — quis saber.

— Temos nossa consciência, que está sempre nos alertando. Podemos nos iludir, mas a ilusão é como um véu, que não nos cobre por inteiro. O maldoso mente para os outros e tenta acreditar que está certo. Encarnada, tinha crises de consciência, porém, não tive coragem de parar. Gostava de ser importante, uma médium poderosa e necessitava de dinheiro. Meu marido me ajudava nas minhas tarefas e não teve emprego, meus filhos viviam do que eu recebia. Esse dinheiro, porém, não me dava fartura; meus filhos foram infelizes. A segunda filha sentia muita vergonha de mim, mudou-se para outra cidade e pouco nos víamos; o mais velho, vagabundo como o pai, explorou-me a vida toda; a mais nova, médium como eu, seguiu meu caminho, meu exemplo, e com certeza irá sofrer como eu.

— Você acha que sofreu por quê?

— Fiz o mal! — afirmou Naninha. — Sofri pelo retorno das ruindades que fiz julgando serem castigos. Minha colheita veio quando senti remorso.

— Se você não tivesse sentido remorso, não sofreria?

— Não entendi sua pergunta. Mas vou responder: encarnada, comecei a perceber que estava errada, que não agia como deveria, senti remorso, mas não tive coragem para mudar. Ao desencarnar, compreendi que estava mesmo errada e aí comecei a receber o retorno dos meus atos. Sofri, não quis ficar entre os encarnados e continuar errando; então fui atraída para o umbral.

— Fiz essas perguntas por querer saber sua opinião — expliquei. — Agora, por favor, continue me respondendo: você achou justo seu sofrimento?

— Achei, sim, e certamente tenho muito ainda que sofrer.

— Você poderá se preparar, reencarnar sendo médium novamente e, dessa vez, fazer o bem, reparando as ações erradas. Construir onde destruiu.

Naninha suspirou triste, fez uma pequena pausa e depois argumentou:

— *Tive esse propósito antes de reencarnar e não deu certo. Bastou me contrariarem para que abusasse de minha paranormalidade. Irei pedir para não ter a mediunidade em grau maior e acabar de resgatar minhas dívidas pela dor. Com certeza, atrairei para mim maldades como as que fiz, para, por meio do sofrimento, aprender a não fazê-las mais. Tenho esperança de que a dor me ensinará, não quero revidar, nem fazer mais nada que leve alguém a sofrer.*

— *Se sua desencarnação fosse um sonho e você acordasse neste momento em sua casa, como agiria?*

— *Não gostaria que isso acontecesse, não mesmo!* — Naninha estava determinada. — *Creio que não teria coragem de mudar. Sentia-me poderosa: a médium que resolvia os problemas dos que me procuravam; dos dois filhos que me pediam dinheiro; do marido, que me admirava, que sempre sustentei. Você percebe o porquê de não querer reencarnar com mediunidade? O poder é um "vício" muito forte e está enraizado em mim.*

— *Como foi sua desencarnação?* — quis saber.

— *Muito triste. Fiquei doente, mas os médicos encarnados não souberam diagnosticar minha enfermidade. Senti dores. Desencarnei durante a noite, acordei apavorada e não consegui chamar ninguém. Revivi em poucos minutos a minha vida, os fatos mais importantes vieram à minha mente. Senti uma dor alucinante no peito, parecia que estava sendo partida ao meio e meu corpo físico parou suas funções. A desencarnação, para imprudentes, como eu, não é nada agradável. Companheiros de maldades desligaram meu espírito do corpo. Percebi que mudara para o Além, mas fiquei perto do meu corpo, sentindo ainda dores. Somente de manhã minha família viu que desencarnara. Agradeci aos desencarnados e pedi a eles que me deixassem ali. Não me queixei das dores, vi meu velório* e funeral e fiquei muito triste ao saber de certos fatos que ignorava: como o de que minha filha era amante de um homem casado e o de que meu esposo me traía com uma amiga minha. Saí de casa sem que os espíritos vissem e fui atraída para o umbral. Eles vieram me buscar, queriam que ficasse na casa, que fizesse parte da equipe desencarnada. Recusei e afirmei: "A hora de minha colheita chegou". E um deles falou: "Chegou porque quer". "Um dia teria que chegar! E a hora da sua, quando chegará?", indaguei. Vendo que não iriam me convencer, deixaram-me na zona umbralina. Vieram outras vezes: eles me achavam, não adiantava me esconder. Quis pensar nos meus atos maldosos, perturbei-me e sofri muito. Um socorrista sempre conversava comigo, me oferecendo ajuda. Queria sofrer, mas o sofrimento cansa; aceitei o auxílio e fui socorrida.

— Tem planos para o futuro? — perguntei.

— Quero trabalhar muito, aprender a ser útil, isso me é possível, mas tenho outro sonho: trabalhar com a equipe espiritual num centro espírita, onde se faz caridade.

— Você, com certeza, realizará seu sonho — desejei com sinceridade.

— Para isso, tenho que me conscientizar de que não irei mandar e, sim, obedecer; senão, não serei útil. Tenho uma tendência enorme para mandar.

— Quando percebemos nossas fraquezas, fica mais fácil superá-las. Mas concordo com você, é melhor se preparar. Por favor, mais uma pergunta: o que você faria se encontrasse uma pessoa que prejudicou?

— Pediria desculpas, perdão, e tentaria explicar que estive equivocada, que fiz o mal, mas a alertaria para o fato de que, se ela recebeu essa maldade, foi porque vibrava igual.

— Poderia me dizer como fazia seu trabalho mediúnico?

— Enviamos às pessoas fluidos bons quando desejamos a elas coisas boas, isto acontece quando oramos para alguém. Porém, também podemos enviar energias ruins quando as invejamos e desejamos seu mal. Quando me encomendavam uma maldade, passava trinta minutos por dia a desejar o mal para a pessoa a ser atingida. Também pedia para meus companheiros desencarnados para irem ao lar, ao emprego da pessoa, e tentarem influenciá-la para agir errado, para brigar, ficar nervosa e, se a pessoa os atendesse, com certeza acabaria doente, porque estes espíritos também lhes vampirizavam as energias.

— Você, encarnada, tinha conhecimento desses detalhes?

— Sim — respondeu Naninha —, aprendi, como lhe disse, com um grupo e, infelizmente, transmiti esses conhecimentos.

— Como sabia que o trabalho não daria certo?

— Agradeço-lhe pela sua delicadeza: em nenhum momento me chamou de "maga", "feiticeira", "macumbeira" ou disse que fiz crueldades. Referiu-se a meus atos gentilmente como "trabalhos". Quando me concentrava na pessoa que queria prejudicar e sentia que vibrava bem, recebia um impacto que me deixava atordoada e sentia dores. Então parava, não fazia mais. Mandava os desencarnados vigiarem o indivíduo e, se eles não conseguissem se aproximar, entrar no lar, então, nada feito. Às vezes devolvia o dinheiro ao mandante. Nunca quis me defrontar com os bons, sabia que perderia. Tinha conhecimento de grupos que enfrentavam equipes de socorristas, não se saíam bem.

— Você encontrou ou sabe como estão os mandantes, aqueles que lhe pagaram para que esses trabalhos fossem feitos? — quis saber.

— Como tentava me iludir de que não fazia o mal, a maioria dos mandantes também tentava se justificar. A intenção tem peso e não adianta se desculpar falando que foi o outro que *fez, foi realizado porque alguém mandou, pagou. O erro existiu, e as consequências são inevitáveis: todos recebem o retorno. Sei de alguns que estão ainda encarnados e para quem o retorno veio como doenças, enfermidades que desejaram aos outros, ou que são vampirizados, etc. Encontrei-me com três que vieram para o Plano Espiritual e que sofriam no umbral. Nada, meu amigo, fica sem retorno.*

— *Não esqueça, Naninha, que a bondade de Deus nos permite reparar nossos erros* — lembrei-a.

— *Vou tentar lembrar!* — concordou Naninha.

— *Você gostaria de acrescentar mais alguma coisa a esta nossa conversa?*

— *Diria, para as pessoas que lerem seus escritos, que não sentissem medo desse tipo de maldade. O medo é um sentimento negativo, como também críticas e condenações. Diria que orassem, tivessem bons pensamentos e fizessem caridade, porque é quase impossível uma maldade como as que eu fazia atingir quem tem a couraça de "obrigados" e "Deus lhe pague"! E, para aqueles que agem maldosamente com a mediunidade, repensem, tenham coragem para parar e se voltem ao bem. Não se iludam: ninguém está agindo certo se essa atividade prejudica alguém.*

Agradeci e a abracei com muito carinho.

Entrei numa enfermaria de um posto de socorro e me dirigi ao leito vinte e um para encontrar meu próximo entrevistado. Encontrei Firmindo acordado. Cumprimentei-o. Ele me olhou e respondeu somente com "boa tarde". Estava confuso e inquieto. Dois trabalhadores do posto me auxiliaram para que ele pudesse raciocinar, isso para podermos conversar. Aplicamos passes, transmitindo-lhe energias benéficas, e expliquei que queria saber o que ocorrera com ele.

— *Estou assim* — Firmindo falou devagar — *porque usei de modo maldoso a mediunidade que me foi dada por Deus para fazer o bem e reparar meus erros. Não reparei e acumulei mais dívidas.*

De modo desconexo, falando sem completar os assuntos, indo e voltando nas narrativas, Firmindo falou por quinze minutos. Ele contou o que fizera quando estava no Plano Físico e vi as cenas dos seus atos cometidos. Enganou pessoas com mensagens que fingia receber com a psicografia ou psicofonia de desencarnados. Dizia que desmanchava maldades feitas por macumbas, feitiços, etc. Cobrava por isso e raramente as desfazia. E também, por dinheiro, cometeu atos ruins, abusou sexualmente de mulheres que recorriam aos seus serviços, fez alguns sacrifícios com animais. Foi um charlatão, mas realmente tinha mediunidade em potencial e de efeitos físicos, não fazia certos trabalhos encomendados simplesmente por preguiça ou por não querer usar de sua energia. Falar, para ele, foi um desabafo. Quando fez uma pausa, indaguei-lhe:

— *Você se lembra, quando encarnado, de ter feito algo bom com sua mediunidade?*

— *Uma caridade?* — perguntou ele e, com a minha resposta afirmativa, voltou a perguntar: — *Algo sem interesse? Sem remuneração? Não sei! Uma vez tirei as dores do joelho de minha avó. Mas queria que ela me fizesse o almoço... Bem, não lembro. Mas devo ter feito.*

— *Se você voltasse ao Plano Físico, faria o que fez novamente?* — quis saber.

— *De jeito nenhum! Bem... isso se lembrasse o que tenho sofrido. Nada valeu a pena diante das dificuldades da colheita.*

— *Alguém obrigou você a essa colheita ou foi escolha sua?*

— *Não vi ninguém me obrigar* — contou Firmindo —, *embora tenha recebido castigos de pessoas que se vingaram. Também não escolhi colher; porém, sempre soube que a colheita é obrigatória. Somos livres para plantar o que queremos, mas somente podemos colher o que plantamos. Penso que plantei espinhos para maltratar e me esqueci de que estes mesmos espinhos iriam me ferir.*

— *Você aprendeu a lição que a dor está tentando lhe ensinar?*

— *Não quero nunca mais ser médium nem fazer maldades!* — determinou Firmindo.

— *Como foi sua desencarnação?*

— *Não foi nada boa. Abusei de tudo e recebi cobranças. Morava sozinho, desencarnei após passar mal e não tive ninguém para me socorrer. Tentei ficar no corpo morto para me proteger porque alguns desencarnados queriam me pegar, mas não adiantou: eles me levaram para o umbral. E a colheita começou. Sofri muito, até que me arrependi com sinceridade, socorreram-me e vim para cá. Aqui está bem melhor, mas ainda padeço bastante. Não consigo deixar de lembrar de minhas ruindades. Isso é um martírio, que mereço.*

— *Você se encontrou aqui no Plano Espiritual com alguém que prejudicou?* — perguntei.

— *Sim. Quando estava encarnado, prendia espíritos e os fazia escravos para me servir, eles revidaram: fizeram-me escravo e me maltrataram. Além disso, juntaram-se a eles outros para se vingarem das ofensas recebidas de mim. Alguns dos que prejudiquei ainda estão no Plano Físico e eles me desejam sofrimento. Outros me perdoaram, como uma senhora que veio me visitar e me contou que eu lhe fiz um mal que resultou em bem, porque ela procurou ajuda num centro espírita, tornou-se seguidora da Doutrina Espírita, modificou-se para melhor e passou a fazer trabalho voluntário.*

— Cada um age de um modo diante de um ato imprudente – comentei. – Sábio de quem tira proveito das dificuldades, aprende com as adversidades, perdoa e retribui com o bem o mal que recebeu. Estes seguem os ensinamentos de Jesus. – Fiz uma pequena pausa e quis saber: – Quais são seus planos para o futuro?

— Melhorar, não sentir dores e poder raciocinar melhor.

— Isso para quê?

— Ora, para ficar bem.

— Ficando bem, o que irá fazer? – insisti.

— Não sei! Talvez passear pelo Plano Espiritual, porque, por enquanto, somente conheço o umbral e esta enfermaria – respondeu Firmindo.

— Não quer fazer o bem, ser útil?

— Talvez, mas para isso tenho que aprender. Eu vejo...

Começou novamente a falar de forma desconexa. Perguntei a uma das trabalhadoras que ficara gentilmente ao meu lado:

— Tem previsão para a melhora dele?

— Infelizmente, não temos. Faz anos que ele fez sua mudança de plano e está conosco há cinco. Nós o tratamos com carinho, mas Firmindo não tem respondido ao tratamento. Encontra-se muito confuso.

— Se ele reencarnar assim, como será seu físico?

— Propenso a adoecer mentalmente. No primeiro impacto, sofrimento, o corpo adoecerá – respondeu a servidora.

— Está na programação a reencarnação dele? – indaguei.

— A maioria de nós tem de voltar a reencarnar, e os motivos são muitos. Firmindo também deve voltar. O corpo carnal lhe será como um filtro, que drenará os miasmas pesados do seu perispírito. O esquecimento será para ele, como é para nós todos, uma bênção.

Agradeci e deixei Firmindo falando baixo.

A diferença entre os três entrevistados são muitas, os três abusaram da mediunidade. Porém, o primeiro entrevistado escolheu continuar plantando ervas ruins. Isso pode acontecer, não somente com a mediunidade, assunto deste capítulo, mas em outros aspectos da vida também. Vampirizou encarnados como foi vampirizado, continuando com suas ações erradas. Isso até que algum grupo rival o desafie e o vença; então, como sempre acontece, será feito escravo. Ou até que alguém, ao receber seus atos maldosos, rogue auxílio e socorristas bondosos interfiram, desfazendo o grupo e oferecendo socorro, e, se aceitarem, terão de se modificar. Como também pode ocorrer a intervenção de orientadores espirituais que coloquem fim na plantação e iniciem a colheita, porque existe tempo para o plantio e também para a colheita.

A segunda pessoa entrevistada teve conhecimento de que agia errado, não quis, no Plano Espiritual, continuar errando e achou que tinha de sofrer. Quando foi socorrida, logo entendeu o que lhe ocorria, e a perturbação passou. Tem medo de errar e não confia em si própria.

O terceiro não teve escolha: fez muitos inimigos, e estes, a exemplo dele mesmo, vingaram-se. Sofreu, sofre e não consegue se livrar de sua perturbação. Na resposta sobre o que queria fazer no futuro, não hesitou em dizer que queria usufruir, não pensou em melhorar, ser útil. Porém, a dor é paciente e insiste até que a lição seja assimilada. Firmindo disse também que nunca mais queria ser médium, porém, um dia ele deverá provar a si mesmo que, tendo a mediunidade, a usará para o bem. Muitos espíritos pedem essa prova, alguns concluem-na satisfatoriamente, poucos com louvor e, infelizmente, há os que são reprovados e terão que repetir a lição. O abuso traz graves consequências, enquanto o bom uso... É o que veremos no próximo capítulo.

CAPÍTULO 12

APROVEITANDO UMA OPORTUNIDADE

Fui me encontrar com Maria Aparecida numa escola do Plano Espiritual. Ela leciona em muitas colônias, administra aulas sobre mediunidade para desencarnados que desejam ser médiuns ao reencarnar. Recebeu-me durante um intervalo. Trocamos abraços afetuosos. É muito bom reencontrar os amigos. Sabendo que tinha horário para começar e terminar a entrevista, iniciei logo meu questionário.

— *Você teve, encarnada, mediunidade em grau maior?*

— *Tive, sim, graças a Deus!* — exaltou Maria Aparecida. — *Desde pequena via e conversava com "almas", como me referia aos espíritos desencarnados. Via espíritos maus, muitos* sofredores e os bons também. Procurei ajuda, aprendi a lidar com a minha sensibilidade e, o melhor, a fazer o bem com ela.

— Quando encarnada, você sabia que fazer o bem ou o mal era escolha sua?

— Agir de um modo ou de outro é escolha nossa em tudo que existe e de que podemos desfrutar. A faca serve para cortar alimentos, mas muitos abusam, usando esta ferramenta para ferir. O dom da fala pode ser tanto útil quanto ferino. A escolha é nossa. Com a experiência do meu passado em outras vivências na carne, não queria errar e me voltei ao bem. Mas tive propostas de encarnados e também de outros espíritos para fazer isso ou aquilo com a paranormalidade, todos me ofereceram vantagens, oportunidades de me vingar de ofensas e desaforos. Não aceitei e fiquei firme nos meus propósitos de ser útil.

— Como foi, no começo, lidar com sua mediunidade? — indaguei.

— Não gostava de ver espíritos e muito menos de escutá-los — respondeu Maria Aparecida sorrindo. — Tinha medo de todos, maus e bons. Orava muito, e orações nos dão respostas, basta querer ouvi-las. Pessoas bondosas conversaram comigo; entre elas, um senhor espírita que me orientou e me emprestou livros da Doutrina. Era mocinha quando passei a frequentar o centro espírita e aprendi a lidar com a mediunidade. E aquele que aprende e tenta passar seus conhecimentos solidifica-os em si. No começo, tinha, nos trabalhos mediúnicos, atitudes que não entendia e não sabia o porquê. As leituras e estudos me fizeram compreender e, aí, passei a agir com naturalidade, ou melhor, com facilidade.

— Você gostou de ser médium? — quis saber.

— Gostar é pouco. Amei e sou profundamente grata a Deus pela mediunidade em potencial.

— Por quê?

— *Pelo aprendizado que tive!* — exclamou Maria Aparecida. — *Foi pela mediunidade que procurei saber o que ocorria comigo e, para saber, estudei e voltei dessa reencarnação com uma bagagem de conhecimentos, meus tesouros. E fiz o bem. Talvez, se não tivesse sido médium, não tivesse feito atos caridosos e, com toda a certeza, não teria procurado compreender tantas coisas que não conseguia entender antes, como as diferenças entre as pessoas, o porquê das deficiências corporais, sociais e intelectuais.*

— *Você pediu para ser médium antes de reencarnar?*

— *Pedi, como muitos espíritos o fazem: planejei e me preparei* — respondeu Maria Aparecida.

— *Se a tivesse ignorado ou fizesse o mal com a mediunidade, o que acha que lhe teria acontecido?*

— *Penso que o mal eu não faria, isso porque aprendi a lição de que, ao cometer um ato maldoso a alguém, primeiro o fazemos a nós. Nessa minha última reencarnação, fui vítima de maldades, mas não revidei, não guardei mágoas e fiz o bem a algumas dessas pessoas. Posso agora afirmar que não cometerei mais atos maldosos. Se tivesse ignorado minha mediunidade, seria uma escolha, porque tenho meu livre-arbítrio. Com certeza, o excesso de energia me incomodaria, talvez adoecesse, e meu espírito, tendo planejado fazer algo e vendo o tempo passar sem fazê-lo, se entristeceria. Teria sido infeliz.*

— *Você foi feliz encarnada?* — continuei a questioná-la.

— *Tive momentos tristes e dificuldades, como todos os moradores do Plano Físico. Sentia, ao ver amigos e familiares com problemas, e era cobrada por eles. Escutei muitas vezes: "Você auxilia a tanta gente e por que não a nós?". Infelizmente, nem tudo que me pediam conseguia fazer. Feliz? Você me indagou se fui feliz? Sim, fui, sou feliz! Sabe por quê? Quando tentamos ser bons, seguir os exemplos de Jesus, sentimos paz, ficamos harmonizados, e isso, meu amigo, é felicidade interna, que acontecimentos externos tristes ou alegres não modificam.*

— Você foi criticada por ter sido médium?

— Quando comecei a ser útil com a mediunidade, recebi algumas críticas que me chatearam — lembrou Maria Aparecida. — Alguns achavam que deveria agir de um modo; outros, de maneira diferente. Novamente, recebi respostas de minhas orações. Uma senhora me disse que fazemos o que sabemos e, para sabermos, temos de aprender. Disse que deveria escolher pelo menos três pessoas que considerasse e que por elas fosse considerada para esclarecer minhas dúvidas. Foi o que fiz. Percebi que sempre recebem críticas aqueles que fazem alguma coisa e que não deveria parar de caminhar ou perder meu tempo para respondê-las. Fiz, quando encarnada, o que deveria ter feito e como achei que deveria. Entendi, aqui no Plano Espiritual, que procedi corretamente.

— Como foi sua desencarnação?

— Tranquila! — exclamou Maria Aparecida sorrindo. — Com a velhice, vieram inúmeras doenças físicas, mas a mente continuou boa. Trabalhei sentindo dores, e elas se suavizaram conforme tentava amenizar as dores alheias. Tive uma gripe forte, uma pneumonia, e meu coração parou. Logicamente, houve motivos para os órgãos pararem, os médicos explicaram, mas foi porque meu tempo venceu e amigos espirituais me desligaram. Foi muito agradável, vi meu desligamento, recebi abraços carinhosos, trouxeram-me para a colônia e, dias depois, não tinha mais as sensações do corpo físico, senti-me sadia. Achei maravilhoso e continuar meu trabalho foi uma graça.

— Tem planos para o futuro? — perguntei.

— O passado passou, o futuro é algo ainda que irá acontecer. Para mim, o importante é o presente! Estou muito feliz com o meu presente! Porém, tenho planejado continuar este meu trabalho por alguns anos e quero fazê-lo cada vez melhor!

— Se sua desencarnação fosse um sonho e você acordasse encarnada, o que faria?

— Nada diferente do que fazia antes, agiria do mesmo modo — Maria Aparecida afirmou, convicta.

— Você pediria para ser médium novamente se fosse reencarnar?

— Antônio Carlos, quero ser sempre útil, desejo isso com toda sinceridade e, quando amamos ser úteis, não recusamos nenhuma tarefa. E esta nova tarefa pode não ser executada por meio da mediunidade. Por isso não pensei ainda sobre esta possibilidade. Também não tenho a reencarnação programada para estes próximos vinte anos.

— Você dá cursos para espíritos que querem reencarnar e ter mediunidade. Qual é o maior receio de seus alunos? — quis saber.

— A maioria deles receia reencarnar e ignorar a sensibilidade. Muitos também sentem receio de se envaidecerem e outros, de se melindrarem. Tento, com entusiasmo, orientá-los.

— Se algum médium encarnado ler esta nossa entrevista, o que você gostaria de dizer a ele?

— *Para prestar atenção em comentários sobre seus trabalhos* — respondeu Maria Aparecida. — *Não se melindrar se for chamada sua atenção sobre uma ação. Orar, meditar e, se no íntimo sentir que o outro está certo, ter a coragem de mudar; se a repreensão for indevida, que a ignore sem ofender. Tenho visto muitos médiuns, meus ex-alunos, não aceitarem bons conselhos e acatarem os ruins. E, infelizmente, alguns deixam de ser produtivos porque não conseguem fazer o que queriam, também não fazem o que lhes foi aconselhado, ou seja, nada fazem. As cobranças sobre os religiosos que se destacam são muitas. Várias pessoas, lamentavelmente, procuram defeitos naqueles que realizam o bem. Até o sol tem manchas! Por que não teria a pessoa que está tentando ser útil? Se cada um se conscientizar de que precisa melhorar, que é somente por meio de seus passos que caminha para o progresso, o mundo melhoraria. Então, médiuns encarnados, façam seu trabalho como se fosse para Jesus, somente para o Mestre, da melhor maneira que conseguirem, e os resultados desse trabalho pertencerão àquele para o qual foram feitos: Jesus. Não se melindrem, não se envaideçam e façam, porque somente fazendo poderão dizer um dia: "Feito! Cumpri com minha obrigação!".*

Agradeci e recebi um abraço carinhoso.

Mariana e José, meus entrevistados, trabalham num grande centro espírita como orientadores. Receberam-me no posto de socorro localizado acima do espaço para os encarnados. Cumprimentos, abraços, e fiz a primeira pergunta:

— *Vocês, encarnados, foram médiuns e continuam a trabalhar com a mediunidade depois que desencarnaram?*

— *Isso mesmo!* — afirmou Mariana. — *Encarnada, fui médium, fiz meu trabalho como planejei, desencarnei e quis continuar minha tarefa com sensitivos na roupagem física.*

— *Comigo também aconteceu isso* — respondeu José. — *Mariana veio, atendendo a nosso convite, para fazer parte da equipe espiritual deste centro espírita. Eu trabalhei neste lugar encarnado e, após minha mudança de planos, continuei aqui. Amo este local!*

— *Quais foram as maiores dificuldades encontradas, quando encarnados, ao trabalharem com a mediunidade?* — quis saber.

— *A primeira, e a mais difícil, foi entender que era médium* — contou Mariana. — *Conheci uma senhora, a Dona Luzia, que trabalhava com sua mediunidade, dava passes em sua casa e atendia o dia inteiro. Não queria ser como ela, queria estudar, ter uma profissão, namorar, casar e ter filhos. Estava para ignorar minha mediunidade quando uma amiga me levou a um centro espírita; lá, a equipe trabalhadora seguia normas, atendia somente no centro e nos horários marcados. Achei ótimo e fui aprender a lidar com a mediunidade e não encontrei mais dificuldades. Tive uma profissão, namorei, casei e tive filhos.*

— Também constituí família — respondeu José. — *E isso não me impediu de ser útil com a mediunidade. Trabalhei, tive uma profissão, criei meus filhos com a remuneração do meu emprego e a de minha esposa. Quando me aposentei, dediquei-me mais ao trabalho mediúnico, mas sempre no centro espírita.*

— Vocês receberam críticas por essa dedicação? — perguntei.

— Recebi — José falou sorrindo. — *O importante é você se importar ou não com elas. Normalmente as escutava, evitava responder, mas pensava nelas. Agradecia as que considerava edificantes, e as outras, ignorava. Fazia isso também com as cobranças.*

— Cobranças? Como foram? — interrompeu Mariana.

— *Pessoas me pediam ajuda e, às vezes, não era tão simples ajudá-las; elas voltavam e me cobravam resultados. Muitos queriam ser atendidos de imediato. Tentava auxiliar a todos, porém nem sempre os resultados eram satisfatórios. No começo, chateei-me; depois, entendi que os resultados dependiam de muitos fatores e que mesmo Jesus não curou a todos que O procuraram.*

— Recebi cobranças diferentes — contou Mariana. — *Reencarnei numa família de posses financeiras, estudei em escolas particulares e nunca me faltou nada financeiramente. Casei-me com um rapaz muito trabalhador e sua família também possuía bens materiais. Fiz o bem, fui útil com minha mediunidade. Muitas pessoas me cobravam humildade, confundindo este sentimento com pobreza. Para mim, ser humilde é ter plena consciência de quem você é intimamente. Muitas pessoas, infelizmente, ainda pensam que, para ser um bom médium, precisa ser pobre, doar tudo que possui. Primeiro, se fizesse isso, seria eu mais um pobre; segundo, sempre trabalhei com meu esposo; terceiro, meu marido não era médium e meus filhos não tinham nada a ver com minha mediunidade. Não teria como ser pobre sem deixar minha família na pobreza. Depois, tive, tenho, plena consciência de que os bens materiais me foram emprestados por Deus e, com objetos emprestados, cuidados dobrados. Fiz caridades materiais com atenção para não alimentar a ociosidade em outros espíritos, mas o que fiz de melhor com o dinheiro que administrei foi dar empregos. Uma vez recebi uma cobrança que me chateou: estava com anel e corrente de ouro e um senhor me criticou, dizendo que deveria doá-los. Entristeci-me, a corrente fora presente de minha mãe. E por que não deveria usá-la? Um outro senhor, vendo-me triste e sabendo o porquê, aconselhou-me: "Mariana, não importa o externo de uma pessoa, mas sim o interno. Você poderá ser criticada por se vestir bem e também por não se vestir. Você já pensou, que para ser feita essa roupa com a qual está vestida, quantas pessoas trabalharam, tiraram seu sustento? Você é médium, está se esforçando para fazer o bem com sua mediunidade: continue firme e não se esqueça de que somos somente administradores de bens materiais, não se sinta nunca dona deles, não se envergonhe por poder usufruí-los nesta existência e não seja possuída por eles". Entendi que muitas pessoas se prendem à matéria por não entenderem que tudo é de Deus, que riquezas são passageiras. E, infelizmente, existem pessoas que são possuídas pelo desejo de tê-las. A caridade mais pura que fiz foi doar minha energia, meu tempo, minhas boas palavras, meus gestos de incentivo e pensamentos generosos. Sentia-me muito alegre por ter me doado. Fiz com amor, sem esperar nada em troca. E tive uma existência normal: sempre morei em casas boas e confortáveis, viajei, meus filhos estudaram em escolas pagas. Esforcei-me para não ser possuída por nada, lembrando sempre que administrava bens de Deus, e não me envergonhei de usufruir deles.*

— *Você, Mariana, fez um bonito trabalho, foi um exemplo, uma excelente médium produtiva* – elogiou José.

— *Obrigada* – agradeceu Mariana. – *Tentei, realmente, ser uma boa médium.*

— *O que mais gostaram do trabalho mediúnico?* – perguntei.

— *Penso que gostei de tudo, amei muito minha mediunidade. Foi prazeroso participar desta tarefa voluntária* – respondeu José.

— *Gostava bastante do trabalho de desobsessão, de ajudar a desencarnados confusos que vagavam e a imprudentes* – disse Mariana.

— *Sacrificaram-se para realizar essas tarefas mediúnicas?* – indaguei.

— *Em nenhum momento senti ser meu trabalho um sacrifício* – afirmou José. – *Nem que fosse uma missão. Percebi que era algo que poderia fazer e compreendi que faria melhor se o amasse e não esperasse nada em troca. Então o amei!*

— *Não!* – exclamou Mariana. – *Nunca me senti sacrificada. Quando você se sacrifica para fazer algo, você sente que foi prejudicada ou está cobrando algo em troca pelo que foi feito. Amei meu trabalho, sentia-me feliz por realizá-lo e, quando gostamos de fazer algo, é prazeroso. Estou me lembrando de um acontecimento. Posso contá-lo?* – Como respondemos afirmativamente, Mariana continuou a falar: – *Uma vez, num domingo de manhã, estávamos, minha irmã e eu, fazendo o almoço. Nossos filhos brincavam, os maridos conversavam animados e tomamos juntos uns copos de cerveja. Uma pessoa veio me procurar pedindo ajuda. Respondi que estava tomando cerveja e que voltasse à tarde. Aborrecida, ela me falou: "Você é médium porque errou muito no passado, em suas outras existências, e é sua obrigação atender a todos. Quem mandou você fazer maldades?". Sorri e respondi: "Fazer o bem é dever de todos nós, principalmente os cristãos. Porém, tenho dias e horas para trabalhar com a mediunidade e, nestes momentos, estou preparada para fazê-lo. Se quiser, volte mais tarde ou vá ao centro espírita".* Entristeci-me: primeiro, com minha resposta; segundo, por muitos acharem que médiuns são piores que as outras pessoas, que erraram demais e que mediunidade é castigo. Fui pesquisar sobre esse assunto. Mediunidade é uma graça que nos dá oportunidade de reparar erros. Mas quem não errou? Pode ser também uma prova escolhida. Quem não quer passar por etapas de aprendizado? E, para passar, não temos de ser provados? E, em todos os trabalhos, para se obter resultados, é preciso ordem e disciplina: no mediúnico também. E todo o médium tem sua vida particular, trabalho, sua casa e não pode se esquecer de que, na família, estão também os nossos próximos. E que pode muito bem ter vida social, lazer, uma profissão e ser um bom médium.

— *E você errou muito no passado?* — José, curioso, quis saber.

— *Não!* — respondeu Mariana. — *Quis ser médium para provar a mim mesma que não me envergonharia em servir. Prova difícil! Era administradora de posses financeiras, empregadora, precisei de firmeza para ser serva. Foi muito bom ser aprovada!*

— *Eu* — disse José — *quis ter a mediunidade como oportunidade de reparar alguns atos indevidos que cometi. Logo os reparei e depois compreendi que estava fazendo um bem enorme a mim, aprendi muito com a mediunidade.*

— *Que atitude vocês não teriam mais com a mediunidade?* — fiz mais uma pergunta.

— *Ser intolerante. Se tiver mediunidade novamente, com certeza irei querer ser mais tolerante diante de pessoas orgulhosas* — respondeu José.

— *Não sei, penso que não mudaria meu modo de ser* — afirmou Mariana.

— *Agora vamos falar sobre o trabalho de vocês aqui no Plano Espiritual. O que vocês fazem?*

— Depois que me adaptei no Plano Espiritual — contou Mariana —, completei alguns estudos, quis continuar trabalhando com a mediunidade. O orientador espiritual deste centro espírita havia feito um pedido para que um desencarnado com conhecimento nesta área viesse para ajudar a equipe mediúnica encarnada. Vim, gostei e fiquei. Minha tarefa consiste em organizar trabalhos, incentivar os médiuns e protegê-los e a seus mentores. Dou palestras para eles quando seus corpos físicos estão adormecidos, auxilio nos estudos que a casa oferece aos médiuns.

— Eu — respondeu José — era médium neste centro espírita e, assim que me foi possível, voltei aqui para continuar meu trabalho. Minha tarefa principal é lidar com desencarnados necessitados. E isso envolve muitos socorros e visitas a lares. Também converso muito com encarnados quando seus corpos estão adormecidos.

— Muito trabalho? — perguntei.

— Sim, e é muito prazeroso fazê-lo! — afirmou Mariana.

— Os trabalhos são muitos, e os resultados, também. Os centros espíritas estão sendo muito procurados — respondeu José.

— Tenho notado — disse Mariana — que cada vez mais pessoas de classe média, e até os mais abastados e instruídos, têm procurado entendimento, consolo e auxílio nos centros espíritas. E muitos médiuns felizmente estão compreendendo a necessidade de fazer o bem e de trabalharem com sua mediunidade sem se envergonharem. E a Doutrina Espírita ensina que todos irão deixar a matéria, retornar ao Plano Espiritual e que, na bagagem para essa grande e importante viagem, trarão somente suas obras.

— Em relação à mediunidade, o que mais preocupa vocês atualmente?

— Muitos médiuns, por mais que sejam incentivados, escolhem ignorar sua sensibilidade, deixando-a enferrujar e se enferrujando junto — opinou Mariana.

— Eu — falou José — *me preocupo mais com os médiuns vaidosos, estes ofuscam o bem que fazem. Também me preocupo com os melindrosos, por qualquer motivo se ofendem e não querem trabalhar mais; normalmente, eles sentem que o que fazem é muito e é realizado com sacrifício. Tento fazê-los compreender que tudo deve ser feito com amor.*

— Que conselhos dariam para os médiuns encarnados? — fiz a última pergunta.

— Que amem! Amem sempre e a todos! — exclamou José.

— Para se colocarem no lugar do outro — respondeu Mariana. — *Quando fazemos isso, compreendemos a necessidade do próximo. E não parem de fazer o que lhes compete por motivo nenhum, porque não serão aceitas desculpas. Aproveitem a mediunidade para fazer o bem e aprender. Em minha opinião, a mediunidade é uma fonte importante de conhecimentos, tesouros que se podem adquirir e que nos acompanham na mudança de planos.*

Despedimo-nos com alegria.

Quando, na espiritualidade, nos propomos a fazer algo quando encarnado, normalmente nos preparamos, fazemos planos e reencarnamos. Na matéria, as dificuldades aparecem e temos que vencê-las, ou somos vencidos. A derrota dói! Vencer as dificuldades e fazer o que propomos é uma prova. E superá-la nos traz alegrias. Concordo com os três entrevistados: a mediunidade é uma grande oportunidade de adquirir conhecimentos, que são tesouros que nos acompanham no Além e no Aquém, seja no Plano Espiritual ou no Plano Físico.

CAPÍTULO 13

OS QUE SE DENOMINAM MALDOSOS

Esta entrevista foi feita há alguns anos, como aprendizado: queria saber o que leva um espírito a fazer maldades, preferir ser cruel com o próximo e, consequentemente, consigo mesmo.

A entrevista que fiz com Montenegro foi negociada. Hospedei-me num posto de socorro localizado no umbral e mandei recados escritos para ele, que, naquela ocasião, era chefe de uma cidade umbralina. Pedi que me recebesse, que gostaria de conhecê-lo, saber como vivia e o que pensava. Montenegro me respondeu somente com uma frase, também num bilhete. *"O que eu ganho com isso?"*. Respondi: *"Uma conversa agradável"*. Sua resposta: *"Não estou interessado. Mas quem você é?"*. Percebi que ficou curioso e escrevi: *"Alguém que muito* errou, serviu aos inquisidores como médico, sofreu e resolveu se redimir. No momento, estudo e gostaria de saber como é ser um poderoso chefe de uma cidade no Além". Novamente, a indagação: *"O que eu ganharei por isso?"*. Escrevi: *"O que quer?"*. *"Aceito vê-lo"*, respondeu Montenegro. Nova negociação. Hora e lugar foram escolhidos por ele. O horário seria às doze horas, meio-dia, num local aberto, num vale entre sua cidade e o posto. Teria de ir sozinho, conversaríamos somente nós dois.

Um amigo meu, espírito experiente, ficou no posto ligado mentalmente a mim. Numa emboscada ou num confronto, ele me auxiliaria a volitar rapidíssimo, seria como se desaparecesse. Cheguei cinco minutos antes. No local escolhido, Montenegro mandou armar uma pequena barraca e, lá dentro, estavam duas cadeiras e uma mesa pequena. Tudo luxuoso. Aguardei de pé ao lado da barraca e, pontualmente, ele chegou com uma moça.

— *Aguarde-me aqui, Princesa* — ordenou Montenegro. Virou-se para mim e convidou: — *Entre!*

Entramos, sentamos e nos olhamos. Montenegro exalava um odor ruim, estava vestido com luxo e muitas joias. Um manto completava sua vestimenta: era preto por fora e vermelho escuro por dentro, descendo dos ombros até o chão. Seus cabelos eram negros, como os olhos, e estes estavam avermelhados, refletindo cores e dando a impressão de que deles saíam faíscas. Era magro, alto, com certeza se destacava onde estivesse. Colocou as mãos sobre a mesa: estas eram grandes e suas unhas compridas e esmaltadas. Sobre a mesa estava somente uma espécie de lanterna iluminando o local, era um objeto de arte, dourado e incrustado de pedras coloridas.

— *Você está muito branco e se veste de forma simples!* — comentou ele.

Estava vestido com roupas que sempre uso: calça clara, camisa branca, sem nenhum adorno. Sorri em resposta, e ele, sem esconder que estava me observando, perguntou:

— Por que se veste assim? Não sente vontade de se vestir melhor? Com roupas mais bonitas?

— Gosto de ver pessoas bem-vestidas, acho bonito — respondi. — Mas não me adapto a esse tipo de vestimenta, ou ele não combina comigo. Penso que não tenho gosto e elegância para isso.

Montenegro sorriu e me indagou:

— Você é um aprendiz?

— Estou sempre estudando — respondi.

— Onde mora? Faz tempo que desencarnou?

— Tenho meu cantinho numa colônia, mas estou sempre visitando lugares diferentes. Faz tempo que moro no Plano Espiritual.

— Será que estou perdendo tempo? Vim conversar com um pé de chinelo, um estudantezinho qualquer? Ou é um humilde que finge ser um qualquer e é importante? Você é importante?

— Depende — respondi. — Como filho de Deus, tenho a minha importância. Sou útil e, quando auxilio a alguém, faço, nesse momento, para o auxiliado, diferença; sou importante para ele e...

— Já chega! Afinal, o que você quer comigo?

Do jeito que ia a conversa, o entrevistado estava sendo eu. Respondi e indaguei:

— Quero entrevistá-lo. Como foi que escolheu esse modo de viver?

— Escolhi? Tudo tem um começo! Não era assim! No início, achava que era bom e que deveria melhorar o mundo, acabando com os maus. Comecei matando ladrões e assassinos. Na minha última encarnação, resolvi acabar com os que julgava ser maldosos, quis acabar com os hereges na Inquisição.

Tive poder e me tornei um ser mau na tentativa de eliminar outros maus. Igualei-me a eles. Você entendeu?

Estava atento, olhava para ele e, como não respondi, Montenegro resolveu me esclarecer, por julgar que não entendera.

— *Não gostava de quem agisse de forma contrária ao que eu pensava ser o certo. Tendo poder, resolvi acabar com eles, e isso em nome do Senhor da Vida. Torturei, matei ou mandei executar, ficando com seus bens materiais. Percebi, tarde demais, que não temos de salvar ninguém a não ser nós mesmos. Como os outros agem não é de nossa conta.*

— *Se você percebeu isso, por que não se esforçou para se salvar?*

Montenegro deu uma gargalhada de impressionar. Dei um sorriso, sem entender o porquê de sua risada. Parou de repente e respondeu:

— *Entendi, mas não quis isso. Entendeu? Vou explicar: gostei do poder, gosto dele. Como também gosto de ferir e matar. E depois de ter feito tantos inimigos, vi-me diante de duas opções: continuar no poder e meus inimigos me temerem ou me tornar vítima. Não me permito ser vítima! Depois, acho muito chato ser bonzinho.*

Senti vontade de argumentar, mas ele leu meu pensamento e falou, debochando:

— *Já sei de tudo que pode me dizer, meu caro aprendiz. Que isso me cansará, que não posso ser feliz caminhando ao contrário das leis do Criador. Que a reação cármica virá. Mas que me importa o futuro? O presente está muito bom. Planos?* — continuou ele, lendo minha mente. — *Ser sempre poderoso! Cada vez mais!*

— *O senhor se arrepende de algo que fez?* — perguntei.

— *Arrependi-me duas vezes. Quando estava encarnado, de não ter matado meu pai: não acabei com ele, e o ingrato assassinou minha mãe. E, desencarnado, de não o ter procurado.*

— *Não se arrepende de nenhuma maldade?* — insisti.

— *O que é maldade para você pode ser que não seja para mim. Não faço mais tantas maldades.*

— *Manda fazer?*

Ele me olhou, furioso. Temi que a entrevista terminasse. Mas ele se controlou; era, de fato, um grande chefe, líder. Respondeu, aparentando tranquilidade:

— *Tenho realmente muitos empregados, escravos e amigos que fazem o que quero. Porém, não sou ocioso; faço muitas coisas, trabalho. Resolvi não fazer mais inimigos e aboli torturas na minha cidade. Prefiro ser rodeado por desencarnados gratos. Temos prisões, mas para lá vão somente os muitos insubordinados.*

— *Os escravos estão lá por vontade?*

Montenegro riu de novo.

— *Você é engraçado! Eles estão lá porque merecem!* — exclamou.

— *Continua castigando os que julga serem maus?*

— *Preciso de escravos! Eles o são porque fizeram por merecer* — respondeu sério. — *A entrevista é isto? Que conversa chata!*

— *O que pensou que fosse perguntar?*

— *Sobre a Inquisição. Sobre meus conhecimentos. Quantos servos tenho.*

— *Como se sente?* — fiz outra pergunta, ignorando suas sugestões.

— *Muito bem, obrigado.*

— *Como se sente?* — insisti.

— *Poderoso, ser chefe é prazeroso.*

— *Tudo passa...*

— *Tudo passa mesmo, e esta nossa conversa está na hora de passar.*

— Quando passar seu poder, como ficará? – perguntei, ignorando seu comentário.

— Gostaria de saber sua opinião sobre isso. Fale!

— Pela história da humanidade, sabemos que os poderosos o são por um período, pois sempre se confrontam com outros que querem seu lugar. Existem traições. O poderoso não tem sossego porque tem que estar sempre atento e...

— Você está dizendo uma verdade — Montenegro me interrompeu. – Eu...

Interrompi-o:

— Por mais que não queira, você, eu e todos os outros estamos sujeitos às leis que nos regem. É nossa tarefa que determina quem somos. O poder e as riquezas mudam de mãos. Chegará um dia, senhor Montenegro, que será obrigado a receber as reações de seus atos.

— Por que você se voltou ao bem? Por que prefere ser um empregado?

— Gosto de trabalhar — respondi. — E gosto muito mais quando, por este trabalho, auxilio alguém. Voltei-me ao bem porque quis ser feliz e percebi que somente seria feliz com amigos fiéis, com a consciência tranquila, recebendo sorrisos de gratidão...

— Chega! — Montenegro me interrompeu. — Somos diferentes! Eu sou feliz quando ordeno, quando ajoelham aos meus pés, quando tenho o que quero.

— Você tem realmente tudo o que quer?

— Quem o tem? Tenho o que posso. Você não vai me convidar para ir com você? Não quer me doutrinar?

— Eu...

— Já sei — Montenegro interrompeu-me. — Você sabe a resposta e reconhece que não pode comigo. Mostra que é precavido! Não quero visitar o lugar em que você mora. Sabe que

tenho conhecimento da Bíblia e sei de cor os Evangelhos. O que você poderia me dizer que eu não saiba?
– Que é filho de Deus! Que Deus está dentro de você!
– Apela?
– Não, senhor, não estou apelando. Falo somente a verdade – respondi.
– Pois faça bom proveito do Deus dentro de você; do meu, cuido eu!
– Como?
Ele riu e chamou:
– Princesa!
A moça entrou, e ele ordenou:
– Vou embora. Fique aqui com esse sujeito por uns minutos; depois, deixe-o ir embora. Leve nossas coisas! – Virou-se para mim e disse: – Você é chato! Até nunca!
Sumiu, isto é, volitou rápido. Levantei e me apresentei à moça.
– Sei quem você é. É melhor obedecer e ficar aqui até eu dizer que pode ir.
Olhamo-nos.
Ela era uma mulher bonita, cabelos longos, elegante, enfeitada e com muitas joias. Porém, como quase sempre acontece: se olhar um ser bonito externamente, mas sentir como ele é de fato, sua beleza torna-se diferente; você não o acha mais lindo e, se observá-lo melhor, ele se torna até desprovido de beleza.
– Como você se chama? – indaguei.
– Princesa, não ouviu?
– É um apelido e... – argumentei.
– Claro que é apelido! Tive muitos nomes. Que importância eles têm? "Montenegro" é apelido: "monte" porque é forte, um obstáculo; e "negro" porque é sua cor preferida. Para todos,

sou Princesa. Pode parecer romântico, mas não é: sou Princesa porque tenho domínio, poder e beleza.

— Mas quem manda é Montenegro.

— Ele é o chefão, mas tenho meu prestígio, tanto que somente eu vim com ele — argumentou ela.

— Faz tempo que está desencarnada?

— Uns cinquenta anos. Gosto de morar no umbral.

— Não pretende reencarnar? — quis saber.

— Num caso de perigo, reencarno.

— Como assim?

— Sou realista! Se nossa cidade for tomada, se Montenegro for derrotado por rivais, ou pelos bonzinhos, e se perder meu cargo, reencarno. Não sabe como é? Escolho uns pais na idade de reprodução, fico por perto e, se surgir a gravidez, pego o feto.

— Sabe como se dá esse processo?

— Fazemos muitas coisas sem entender — Princesa falou. — Não sei como se dá o processo de volitação; contudo, aprendi e volito. Parece que isso é automático. Reencarnar e desencarnar faz parte do ciclo da vida. Certamente, vou procurar pais afins, que pensam e vibram como eu.

— Você tem medo de receber reações por seus atos? — perguntei.

— Já sofri muito, cara! Se quer saber, não sou feliz. Tenho bons momentos, tento me distrair como posso e consigo evitar pensar.

— Se você se defrontasse com Jesus, o que faria?

— Se Jesus viesse aqui? É isso que perguntou? Porque, com certeza, não teria como ir ao lugar em que Ele está. Correria e me esconderia. Nunca fui muito religiosa, mas escutei a história de Jesus e Nossa Senhora, aprendi quem é Deus, mas não os tenho na minha vida.

— E se você não conseguisse correr, o que faria? — insisti.

— Ficaria envergonhada ou agiria como a mulher pecadora e me atiraria a seus pés. É fácil trocar de chefe.

— Jesus não é chefe de ninguém, é nosso irmão que veio para nos ensinar — respondi e fiz mais uma pergunta: — Quando começou a trilhar o caminho que percorre agora?

— Não sei lhe responder. Sei que tenho feito e recebido; se fiz sofrer, tenho sofrido.

— Por que não procura ser feliz?

— Não dá para ser feliz sem pagar nossas dívidas. Entendeu?

— Posso ajudá-la — ofereci-me.

— Não quero! Por enquanto, vou vivendo deste modo. O que o senhor faz?

— Trabalho e...

— Grande coisa! — Princesa interrompeu-me. — Eu também trabalho, faço muitas tarefas.

— Minhas tarefas sempre resultam em um bem, em uma alegria para alguém — afirmei.

— Hum! — resmungou Princesa. — Será que fazer o bem dá certo? Vocês, os bonzinhos, parecem-me tão sem expressão! Parece que agem certo e fazem o bem por obrigação e que são vaidosos por fazerem algumas ajudas.

— Fazer o bem dá alegria, pode ter certeza. Nós, que aprendemos a ser úteis, ajudamos e não anunciamos; nossa alegria é interna, não precisa ser barulhenta. E não somos perfeitos, tentamos nos melhorar, e a vaidade é um sentimento a ser vencido. Mas não confunda tranquilidade com vaidade. Se você vê socorristas passarem quietos e calmos, não é por vaidade, é porque é assim que devem fazer seus trabalhos. Não vêm aqui para afrontar e, se não o fazem, não é porque se sentem superiores, é porque devem auxiliar aqueles que pedem e não é aconselhável discutirem com os que ainda gostam de morar aqui.

— Conseguiu ler meus pensamentos! Eu disse que gosto de morar aqui, realmente amo morar no umbral. E sou difícil de mudar de opinião.

– Já morou em colônias?

– Se morei, não me lembro – respondeu Princesa.

– Então não pode comparar. Você tem planos para o futuro?

– Tenho. O futuro é daqui a cinco minutos, tempo que tenho para ir embora.

Desmontou rapidamente a barraca. Fiz mais uma pergunta:

– Gostaria de ser tratada como trata as outras pessoas?

– Já fui tratada pior. Não quero lamentar! Fiz e recebi! Agora estou atenta para somente fazer. Mas não gosto nem gostaria de receber o que faço.

– Não será obrigatório?

Princesa volitou com os pertences e não respondeu.

Quando fui organizar este trabalho, resolvi saber como estavam esses dois entrevistados. A cidade umbralina estava no terceiro chefe depois de Montenegro. Um socorrista me contou que, tempos depois que conversei com ele, um outro grupo tomou a cidade. Ele fugiu para outro país e reencarnou. Princesa se ligou com o novo chefe e, num outro confronto, os dois, com alguns outros, fugiram e não foram mais vistos.

Montenegro foi um cruel inquisidor e foi sincero quando disse que quis acabar com os maus e se tornou um. Somente salvamos a nós mesmos, mas podemos dar exemplos, auxiliar e mostrar o caminho do bem a ser percorrido para o próximo.

Visitar prisões não é agradável; ali, todos os encarcerados sofrem. É triste ser privado da liberdade de se locomover. Porém, a reação para erros cometidos não é sentida por todos de forma igual, e, certamente, alguns prisioneiros padecem mais. Fui a uma penitenciária para entrevistar um desencarnado que era companheiro, ou seja, ficava perto de um detento. Fui recebido por um trabalhador, um socorrista, que tentava auxiliar, e com certeza o fazia, a muitos que ali estavam. Além de alguns socorristas e visitantes equilibrados que vinham rever afetos ali detidos, havia muita diversidade na aglomeração desencarnada. Digo "aglomeração" porque, normalmente nesses locais, há muitos espíritos: uns visitam inimigos para atormentá-los e fazê-los sofrer mais, outros vêm ver amigos. E a maioria dos ex-detentos que mudaram de plano continuavam ali, vagando, não aceitavam a desencarnação e se iludiam, achando que estavam encarnados. E outros, como meu entrevistado, julgavam-se protetores de prisioneiros e não os abandonavam.

O socorrista me conduziu à cela. Embora a prisão estivesse lotada, esse prisioneiro estava sozinho. Meu condutor explicou:

— *Hermes é um prisioneiro perigoso, mata um ser humano como se fosse um inseto. Não teme a morte nem castigos. Observe, vão lhe entregar o jantar.*

Dois guardas entraram no corredor. A prisão era enorme e de construção resistente. Aquela ala tinha trinta celas: eram, se comparadas com outras prisões, espaçosas. Nelas, o número de ocupantes variava: numas estavam quatro pessoas; em outras, duas; e em duas celas, estava uma somente.

Observei os guardas, um deles estava com a arma em punho, e o outro entregava as bandejas pelo vão da cela.

— *Aqui nesta ala* — o socorrista explicou — *estão os presos considerados perigosos ou os jurados de morte pelos outros. Tomam banho de sol em horários separados e uma hora por dia. Somente não saem da cela Hermes e o outro que se encontra sozinho. Suas celas estão deste lado porque podem abrir a janela e o sol entrar pela grade. Se Hermes ficar fora* da cela, um crime acontece. O outro não sai porque é doente, temem o contágio. Ele tem uma doença difícil de diagnosticar, mas não é contagiosa.

— Hermes é tão perigoso assim? — quis saber.

— É sim. Observe como o guarda entrega sua bandeja.

O que estava com a arma fez pontaria, mirando-o, e o outro colocou a bandeja no vão da grade, empurrando-a com um dedo e a afastando o máximo que conseguia.

— *Fazem isso* — esclareceu o socorrista — *porque uma vez ele pegou um guarda e apertou seu pescoço, não o matou porque o outro atirou em seu braço. A bala atravessou e não ficou alojada. Deram remédios para que ele mesmo fizesse os curativos. Quando a direção da casa quer que um prisioneiro morra, coloca-o junto dele. O outro até que fica por uns dias, Hermes conversa com ele, mas, quando se cansa da companhia ou dá vontade de matar, assassina o companheiro. Já teve caso de outro ocupante vir com intenção de assassiná-lo e até vir com alguma arma escondida. Aí ele é alertado pelo seu entrevistado e acaba por matar o outro. Aqui nesta prisão, o maior castigo com que os detentos são ameaçados é ocupar a cela com ele. Desculpe-me, vou deixá-lo sozinho, tenho de ir a outra ala. Fique à vontade e, se precisar de mim, chame que virei rápido.*

Agradeci e aguardei no corredor em frente à cela de Hermes. Os socorristas que ali trabalham priorizam aqueles que querem receber o que eles têm ou podem doar, auxiliam os que estão receptivos para receber. Observei o prisioneiro à minha frente: era um homem forte, de aparência grosseira, olhos fundos e olhar penetrante, logo completaria trinta e cinco anos. Sua cela continha um colchão, um travesseiro, um grosso cobertor e algumas roupas, que estavam jogadas pelo chão, as outras celas estavam mais limpas. Não esperei muito, o desencarnado que esperava chegou. Veio volitando, parou dentro da cela, viu-me e convidou:

— *Você é o sujeito que quer conversar comigo? Entre!*

— *Obrigado!* — agradeci e entrei, passando pela grade.

— *O socorrista marcou esta conversa. Sente-se!*

Plasmou duas cadeiras. Sentei-me e ele ficou em pé, olhando-me.

— *Como você se chama?* — perguntou.

— *Antônio Carlos, e você?*

— *Armênio, o famoso Pião. Sabe por que me chamam de Pião?*

Não respondi e fiquei atento. Ele sorriu, debochando, e rodou rápido. Gargalhou e, ao ver que não havia conseguido o que queria, interrompeu a risada.

Armênio Pião rodopiou com uma corda nas mãos e tentou me enrolar com ela como se eu fosse um pião de madeira, um brinquedo. Parou de rir porque, rápido como ele, afastei-me com a cadeira dois passos para trás. Ele rodou em volta do nada, e a corda ficou no chão. Continuei tranquilo e nada comentei. Ele me olhou, sentou-se à minha frente e comecei a entrevista:

— *Como você define seu modo de viver?*

— *Sou um ser que age com crueldade. Sou mau! Não tento me desculpar e nem sou fingido. Orgulho-me de ser o que sou. Você não se espanta?*

— *Não e admiro sua honestidade* — respondi.

— *Pois não deveria admirar, sendo da equipe dos bonzinhos. Não sou honesto. Para você, devo ter qualidades. Tenho realmente: ser mau é, para mim, uma qualidade. O que não sou é fingido. Isso não sei ser, acho um horror quando um sujeito passa por bom e não é. Gosto de castigá-los quando os encontro no umbral. Você não deve julgar, mas eu o faço: aprecio julgar e castigar. Fingidos são os piores seres que existem! Fingem* ser cordeiros, mas são lobos devoradores. Muitos deles mandam torturar, matar e roubam, e pior, de pessoas pobres. Um exemplo? Hospitais sem leitos, crianças sem escolas e merendas, pessoas sem lares, sem terras... e eles, milionários.

— Você é feliz?

— Pergunta estranha. Prefiro não responder.

— Por quê? — insisti.

— Por que quer mesmo conversar comigo? O socorrista me disse que você queria fazer um trabalho.

— É isso mesmo! — afirmei. — Estou fazendo um trabalho, entrevistando alguns desencarnados. Responda, por favor, por que não quer dizer se é ou não feliz.

— Sou alegre e contente com o que faço. Feliz? Quem o é? Ninguém! — exclamou Armênio.

— Faz tempo que está no Além?

— Não sei exatamente, talvez uns cinquenta anos.

— Você gosta do Hermes? — quis saber.

— Preste atenção no que fala! Somos somente amigos, já fui pai dele, reencarnamos algumas vezes juntos. Ele quis reencarnar, e eu, não. Tomo conta dele.

— Como toma conta?

— Você tem medo de mim? — perguntou Armênio.

— Não, não tenho.

Armênio coçou a barba. Tinha também um olhar penetrante, olhos pequenos e escuros, cabelos e barba pretos, era alto, magro, tinha mãos longas e dedos finos. Olhou-me desafiando. Continuei tranquilo. Resolveu responder:

— Ele está aqui porque a sociedade o julgou perigoso, e eles têm razão: meu amigo é muito perigoso e violento. Esforcei-me, mas não consegui evitar sua prisão. Mas o que posso fazer por ele, faço; ninguém consegue matá-lo à traição. Talvez um dia o matem.

— Se isso ocorrer ou se ele desencarnar por outro motivo, o que irá fazer?

— Essa pergunta é mais inteligente, espero que a conversa continue assim. Se alguém o matar, desligo-o e o levo comigo. Cuidarei dele, farei isso também se ele morrer por doença.

— Irá querer se vingar de quem o matar? — perguntei.

— Não! Não permito desencarnados perto dele querendo se vingar. Acho vingança medíocre. Por aqui é assim: mata ou morre. Se for mais fraco no momento e morrer, não tem por que se vingar. O jogo aqui é aberto, sem fingimento. É a lei do mais forte e esperto! Merece vingança quem finge para matar ou não enfrenta o outro, ou até quem o faz por motivo sórdido, aquele que deixa o outro morrer porque ficou com o dinheiro que seria para sua alimentação ou tratamento. Não iremos nos vingar se alguém assassiná-lo.

— Você tem moradia no Plano Espiritual?

— Aprecio uma gruta no umbral, mas fico muito por aqui. Morada mesmo, não tenho. Gosto de estar em muitos lugares. Sempre que Hermes adormece, se não houver perigo, levo sua alma para passear, fazemos algumas farras juntos.

— Como assim "se não houver perigo"? — quis saber.

— Sei ler as mentes dos encarnados e dos desencarnados que aqui estão. Se houver um plano para matá-lo, ficamos por aqui atentos. Preferiria que ele estivesse morto, ou seja, vivendo como eu. Mas acho desaforo alguém matá-lo à traição. Ele é muito importante, um criminoso de destaque.

— Seu amigo não pode se suicidar?

— Claro que não! — afirmou Armênio. *— Se ele se suicidar, ficará muito perturbado, e aí perco meu companheiro de farras. Se ele fizer isso, com certeza será atraído para um vale próprio. O local para onde os suicidas costumam ir é triste, lamentável, não tem nada de agradável para se fazer lá. Os desertores da*

vida física dificilmente conseguem ficar bem no Além. Hermes não se suicidará.

— Ele lhe obedece? — perguntei.

— Não mando assim nele, já cometeu atos que lhe aconselhei não fazer. Mas sobre este assunto, o suicídio, ele entendeu bem e não o cometerá, ainda mais porque ele é homicida. Suicida e homicida é uma mistura violenta que não dá certo, não escapará de sofrer.

— Você está escapando de sofrer?

— Com certeza — Armênio afirmou convicto.

— Até quando?

— Até quando eu quiser... Bem... não sei.

— A plantação é livre, mas a colheita é obrigatória — lembrei.

— Não quero falar sobre isso e nem pensar. Quando estiver sofrendo pensarei em um modo para encontrar uma saída.

— Você faz planos para o futuro?

— Claro que faço! — respondeu Armênio. — Tenho muitos planos. No momento, estou bem assim. Quando Hermes desencarnar vamos viver melhor, farrear pelo umbral e entre os encarnados. Se eu resolver reencarnar, vou escolher pais criminosos e continuarei aproveitando a vida.

— Você já se arrependeu de algo que fez indevidamente?

— Costumo planejar meus atos. Não gosto de fazer nada de ruim àqueles que não fazem maldades. Arrependo-me de um. Quando estava no Plano Físico, um rapaz me disse que uma mocinha era prostituta, fui ter com ela, a moça negou e me implorou, mas, acreditando no rapaz, estuprei-a e ela era virgem. Fiquei chateado, matei o rapaz e dei à moça muito dinheiro de um roubo que havia feito. Arrependi-me de ter cometido essa ação.

— Se alguém pensar como você e conseguir lhe fazer uma maldade, como agiria? — indaguei.

— *Se ele conseguir me atingir é porque é mais forte que eu. Não tenho receio disso porque não quero nada que pertence a alguém, não desejo cargo por aqui, até respeito o trabalho alheio e não desafio ninguém. Mas, se for vencido, terei de arcar com as consequências e tentarei sair da situação ou achar uma maneira de ficar do melhor modo possível.*

— *Você costuma orar?*

— *Estava indo bem...* — respondeu ele me olhando com raiva. — *Fez uma pergunta indevida. Você sabe o que é orar? É rogar, tentar sintonizar com as forças bondosas, com os servos de Deus. Não quero isso! Num aperto prefiro maldizer para sintonizar com outras potências piores que eu.*

— *Você não gostaria de conhecer lugares onde os que aprendem a ser bons moram?*

— *Vi em gravuras esses locais. Achei-os até bonitos. Mas no Plano Físico também existem lugares lindos. Não gosto de moradas onde existem normas a serem seguidas e não gosto de trabalhar.*

— *Quanto tempo pensa que poderá viver na ociosidade?* — continuei a questioná-lo.

— *Não sei. Tentarei ser sempre um vagabundo. No Além é fácil, encontra-se sempre alguém para roubar energias. Gosto de energias densas daqueles que cedem à ira, têm ódio e muito mesmo a dos invejosos. Se reencarnar, com certeza arrumarei dinheiro fácil, com inteligência e planejamento rouba-se e, em último caso, pedirei esmolas. Com certeza me sairei bem e continuarei ocioso. Observe Hermes, por exemplo. Ele está ocioso, come, tem lugar para dormir e está bem.*

— *O que sente quando maltrata alguém?*

— *Quando faço uma crueldade? Nada de mais. É somente um ato* — ele respondeu rindo.

— *Que pode causar dor a alguém* — comentei.

— Mas a vida não é isso? Faço e recebo? Por enquanto, estou no fazer e aproveitar. Se o outro recebe é a vida. E quando chegar meu momento de receber, se não tiver escolha, aceito. É assim que acontece!

— Agradeço por ter me atendido — agradeci.

— Fica mais — pediu Armênio. — Gosto de conversar. Terei de esperar meu amigo adormecer para sairmos.

— Preciso ir.

— Se quiser fazer um ato bom, na cela quarenta e três da ala B tem um preso inocente — contou Armênio.

— Como sabe?

— Não falei que sei ler pensamentos? Também sei ver marcas no perispírito. Este preso não tem a marca de homicida. Tenho meu perispírito cheio de pontos negros e Hermes também. Não consigo ver o seu, mas com certeza tem pontos claros. Quer que lhe leve até o inocente?

— Não precisa. Obrigado novamente e quero lhe presentear com este livro — ofereci um exemplar de O Evangelho segundo o Espiritismo de Allan Kardec.

— O Evangelho?

— Quando não tiver nada para fazer, leia! Sentirá nesta leitura o amor de Jesus por nós.

Armênio Pião pegou o livro e saí da cela, andei pelo corredor e procurei pelo socorrista que me conduzira. Ao encontrá-lo, indaguei pelo preso citado como inocente.

— Isto é verdade — confirmou o socorrista. — Temos aqui um homem que foi preso indevidamente acusado de assassinato para pagar no lugar de outro, do verdadeiro assassino. Porém, ele fez um ato parecido em sua vivência anterior, colocou em seu irmão a culpa de um crime que cometeu. É difícil, nós que estamos no rol da reencarnação, que ainda necessitamos estagiar no Plano Físico, seja para quitar dívidas ou por provas, sermos inocentes, isto é: privados de pecados, que não tenha *feito ações erradas. Este preso não se revoltou e procura ser um bom companheiro para os outros detentos. Talvez por este motivo o diretor encarnado do presídio está pleiteando que ele seja julgado novamente, ou que seja agraciado com liberdade condicional. Ele deve sair logo daqui.*

Agradeci e volitei saindo da prisão.

Infelizmente, teria muitos espíritos para entrevistar e colocar neste capítulo, cheguei a fazer outras entrevistas com aqueles que preferem, por muitos motivos, agir com maldade. Conversei com moradores do umbral que tinham plena consciência de seus atos, outros se iludem, alguns são inteligentes, outros sem instrução. Uns ansiosos pelo poder, enquanto a minoria prefere a solidão de grutas onde estudam e desenvolvem cada vez mais a inteligência. Porque conquistamos a inteligência pelo estudo e trabalho. Escolhi somente para colocar neste livro as que nos poderiam ensinar alguma coisa.

Armênio Pião, que se gabara de ser totalmente cruel, possui qualidades, sabe ser amigo e não é fingido, não é hipócrita. Espíritos assim são respeitados pela sinceridade. Ele tem razão em dizer que os piores são aqueles que aparentam ser uma coisa, mas são outra muito diferente. Armênio teve dificuldade para responder se era feliz. Como afirmara que não fingia, se respondesse que sim estaria mentindo. Todos nós realmente temos momentos alegres e tristes. Felicidade é algo interno que não depende de fatores externos. Afirmo, com absoluta certeza, que nenhum dos meus entrevistados que age com crueldade é feliz e os seus momentos alegres são muito poucos. E a maioria protela deixar este modo de viver com medo da reação, da colheita obrigatória, deixam o tempo passar, mas existe o tempo certo para tudo e a colheita tem de ser feita.

Armênio preferia maldizer a orar. De fato, quando oramos, nos unimos a forças benéficas que nos ajudam. Maldizer é aproximar-se de energias negativas. Portanto, devemos prestar atenção ao nosso padrão vibratório.

CAPÍTULO 14

OS QUE QUEREM APRENDER PARA SEREM BONS

Reuni vinte e uma pessoas, moradoras de uma colônia, numa sala para entrevistá-las. Se dividirmos nossas maneiras de ser em três modos, podemos afirmar que nós que vivemos na Terra somos: maus, medianos ou bons. Estes meus entrevistados seriam a coluna do meio, a maioria ainda dos moradores do nosso planeta. Não fizeram grandes maldades, mas também não se destacaram em atos bondosos. Minha primeira pergunta foi:

— *Como foram suas desencarnações?*

A maioria se surpreendeu com a mudança de plano. Muitos se decepcionaram por não ser como acreditavam que fosse.

Uns acham muito simples e poucos afirmaram ter sido melhor que esperavam.

Transcrevo algumas respostas, as que foram diferentes.

— Foi difícil para mim acreditar que meu corpo morrera. Estava como sempre. Dei um trabalhão para meus familiares e amigos desencarnados para me fazer entender que teria de viver no Plano Espiritual.

— Queria ter visto minha desencarnação, como fui desligada, dormi e acordei no cemitério, e uns desencarnados que lá estavam me contaram que havia falecido. Pensei que estava sonhando e, como se fosse um sonho, tive vontade de ir para casa e fui. E aí, compreendi, vendo o que encontrei no meu ex-lar, ser verdade, que meu corpo carnal morrera. Senti-me perdida, abandonada e clamei por ajuda. Orações têm respostas e fui socorrida. Foi para mim um grande trauma. Acho que não quero reencarnar para não ter mais que desencarnar.

— Foi muito estranho acordar num local desconhecido sem saber onde estava. Eu me apavorei quando contaram que eu viera para o Além.

— Num acidente horrível me vi ser duas. Foi apavorante. Somente conseguia dizer: "Deus!" E alguém em nome de Deus me adormeceu. Quando acordei, recordei o acidente, estava sem machucado e desconfiei que algo me acontecera. Foi muito difícil para mim esta mudança.

— Sabia, por ter sido espírita, como seria a desencarnação. Mas senti medo, porém este medo logo passou quando me vi rodeada de amigos.

— Sofri muitas dores e, quando não as senti mais, foi um alívio. Desencarnar, para mim, foi muito bom!

— Percebi que mudara de plano algum tempo depois, e aí entendi que a vida é eterna, porque continua e sem muita diferença.

— Tinha muito medo de morrer e ir para o Inferno. Sou grato a Deus por ele não existir como acreditava, e também por não ter perdido a consciência do que fui e sou.

— Acreditava que ia ver Deus, seria julgada pelo Criador. E aí entendi que Deus estava sempre comigo e não seria julgada por ninguém. Eu mesma tinha a consciência de tudo que fiz, certo ou não.

— Aceitaram a mudança de planos? — quis saber.

Todos os vinte e um se surpreenderam, mesmo a que fora espírita. E foi a surpresa sentida que determinou a aceitação ou não. Quando esperamos acontecer de um modo e acontece de outro, existe a surpresa. E a desencarnação não é um fato igual, não é algo determinado, cada um de nós tem a nossa e, por ser nossa, é especial. O retorno ao Plano Espiritual é um ato natural que ocorre com todos que vestem a roupagem física. Infelizmente, a maioria teve dificuldades para aceitar, se adaptar, ou demorou para ter a compreensão de como viver na espiritualidade. Eis algumas respostas:

— Aceitar? Não tive escolha! Se tivesse, queria continuar encarnado e ainda com saúde. Vim sem querer para o Além. Por ter rejeitado a mudança de plano, sofri. Aceitei depois de algum tempo porque não tive opção.

— Demorei a assumir minha nova maneira de viver. Queria ter ficado encarnado. Devemos aprender a viver, a estar satisfeitos nos dois planos.

— A desencarnação, para mim, foi uma continuação de vida muito diferente. Demorei a acostumar. É difícil viver longe das pessoas de quem gostamos.

— Sofri muito quando minha mãe desencarnou, senti a falta dela e, quando eu desencarnei, deixei todos e tudo, ausentei-me, parei de fazer parte da vida deles, das pessoas que amava. Não foi fácil. Gostaria de ter me educado para esta mudança, para fazê-la sem trauma.

— Enquanto não aceitei, sofri bastante. Quando entendi que não havia retorno, esforcei-me para acostumar. Agora, amo a vida no Plano Espiritual e não quero reencarnar.

— Aceitei porque era o melhor que tinha de fazer no momento, porque a vida continua e não tinha como voltar a viver no meu corpo físico, que apodrecia.

— Até que aprovei a vida no Plano Espiritual, porém foi complicado para mim ficar longe de meus filhos.

— Foi sofrido para mim ficar longe de meus pais, que só choravam desesperados. Demorei a aceitar a desencarnação porque eles se revoltaram. Quando se conformaram, pude sentir-me de fato desencarnada e viver bem.

— Foi difícil para mim encontrar na espiritualidade tudo muito diferente do que eu pensava, quando compreendi que Deus fez tudo perfeito, a aceitação veio e, no momento, sou grata por estar bem.

— Qual foi a maior surpresa que tiveram ao mudar de plano?

Completando a pergunta anterior, quis saber qual o impacto sentido pelos meus entrevistados ao se defrontar com o Plano Espiritual. E, por incrível que pareça, todos se surpreenderam. Para uns, foi uma surpresa agradável, para outros, triste. A mudança de plano ainda nos surpreende! Vejamos algumas respostas:

— Pensei que, ao morrer, seria recebido no céu com pompas! Quis ser importante no Além. E sou somente mais um. O ser humano normalmente quer ser o que não é.

— Minha surpresa foi que a outra vida que eu tanto esperava é a mesma, muito parecida com a que tinha.

— Surpreendi-me ao encontrar trabalho aqui. Acreditava que ia viver na ociosidade.

— Acreditei que encontraria todos os meus familiares. Revi alguns, outros estão reencarnados. A surpresa maior foi ter certeza que vivemos muitas vezes na Terra, em corpos diferentes.

— A minha maior surpresa foi ter certeza da justiça de Deus. Entendi isso quando aqui soube da Lei da Reencarnação e da Causa e Efeito. Uma pessoa fez muito mal a minha família e a mim. Preferimos perdoar e esquecê-la. Aqui vim a saber dela, está reencarnada num corpo deficiente, foi abandonada e padece muito. Senti dó e orei por ele. Para mim foi uma surpresa não encontrá-lo no Inferno eterno, mas, sim, resgatando seus erros. Se eu o perdoei, como Deus não poderia perdoá-lo?

— Não fui muito religioso e acreditava que o cérebro físico comandava tudo. Como médico, achava a máquina carnal fenomenal. De fato ela o é. Deus, infinitamente sábio, fez o corpo físico para que o espírito se revestisse com muita perfeição. A surpresa foi continuar vivendo em outro corpo, o perispírito, mais perfeito ainda, e nosso espírito numa perfeição que ainda não consigo compreender. O cérebro físico é somente transmissor! Quem comanda tudo é o espírito!

— Pensava que eu, inteligente e religioso, estava seguindo a religião certa e que as outras crenças eram equivocadas. Vi, com muita surpresa, conhecidos meus na colônia que seguiram, encarnados, diversas religiões. Pensei ser o meu caminho escolhido o certo, julguei errado o dos outros. Um orientador me explicou que a verdade é uma somente e são diversos os caminhos que conduzem até ela, ao progresso espiritual. Fez uma comparação interessante ao me explicar. A verdade está no centro de uma grande roda, e todos os que vêm do norte, sul, oeste e leste caminham rumo ao centro, e chegarão um dia até ela. Entendi que temos de caminhar; não fazer o mal, mas o bem, não importa se acreditamos de um modo ou de outro, se seguimos as setas de um ou de outro mestre. Chegaremos no mesmo lugar.

— Qual foi a maior decepção que tiveram ao retornarem à erraticidade?

Para completar o assunto, quis saber o que realmente sentiram ao defrontar com a realidade da continuação da vida. A maioria se decepcionou com eles mesmos. Alguns se decepcionaram por encontrar tudo muito simples. Outros pensaram que deveriam ter sido recebidos no Além de maneira melhor, por anjos, e não por amigos e parentes desencarnados.

Aí estão as respostas diferentes:

— *Confessei e recebi absolvição antes de morrer e isso não adiantou nada. Morri e não fui para o céu prometido. A desencarnação me decepcionou, não encontrei nada do que pensava. Vaguei, sofri muito até entender que estive enganado ou me enganaram. Depois compreendi que poderia ter procurado saber como seria morrer no físico. Ninguém me enganou, porque os outros que me ensinaram não tiveram a intenção de lograr.*

— *Assim que percebi que mudei de plano, vi tudo mudado na minha ex-casa terrena. Meu marido interessado por outra e minhas coisas divididas. Entendi que me apeguei a objetos materiais, e esses mudam de donos. Não fui amada como julguei ser.*

— *Fiz de tudo, sacrifícios, muitas horas de orações, penitências, jejuns para ser bem recebido no Céu. O paraíso como acreditava não existe. Achei justa a maneira da continuação da vida. Mas, sinceramente, preferiria ter encontrado do modo que pensava, idealizei o Céu um lugar maravilhoso. Decepcionei-me, o que não quer dizer que reclamo ou que não seja grato. Demorei para aceitar o que era simples, queria ter encontrado o que imaginava.*

— *Decepcionei-me muito quando me foi dito que necessitava ser útil, estudar e trabalhar para viver bem deste lado da vida.*

— *Minha decepção foi grande quando julguei acordar de um pesadelo e me disseram que meu corpo físico morreu e estava numa zona de sofrimento. Achei, no momento, injusto ir para um lugar feio e sofrer. Demorei para entender que era o local merecido por mim. Fui importante encarnado, mas aqui recebi o que merecia.*

— Qual é o maior arrependimento que sentiram de algo feito quando viviam na matéria física? O que não fariam mais de jeito nenhum, quando encarnados? — fiz mais uma pergunta.

As respostas foram diversas. As unânimes foram que se arrependeram de terem errado e, em contrapartida, queriam ter feito mais atos certos, mais caridades, estudar o *Evangelho* e seguir os ensinamentos de Jesus. A maioria lamentava ter se apegado aos bens materiais, se achando donos em vez de administradores. Os que não receberam emprestados bens materiais se sentiram possuídos pela vontade de tê-los. Também lamentaram terem perdido a oportunidade de serem melhores em todos os aspectos na convivência com outras pessoas. De não terem sido verdadeiramente religiosos. De não terem compreendido que a religião é para ligar ou religar a criatura ao Criador. E quase todos não queriam, de jeito nenhum, voltar a fazer ações indevidas, pequenas maldades, traições, sentir inveja e cometer maledicências. As queixas, todas sinceras, de atos imprudentes foram muitas. Vou transcrever as que podem nos alertar:

— *Arrependo-me por ter sido intolerante e querer que tudo fosse como queria. Não aceitava opinião contrária. Achava que eu sempre tinha razão. Quis que todos pensassem como eu e ofendi muitas pessoas por serem diferentes de mim; não quero fazer isso de novo.*

— *Ter sido teimoso. Mesmo no íntimo achando que não estava certo, não aceitava mudar de opinião.*

— *Iria lidar melhor com o sexo. Abusei, sofri muito e fiz outras pessoas sofrerem. Não quero mais agir assim, almejo ser mais responsável.*

— *Arrependo-me por não ter sido encarnado o que desejava ser depois de morto. Sempre pensei que, no Além, iria ser bom, ajudar, fazer muitas coisas úteis uma vez que, sem o corpo físico, não iria dormir, comer e ter dores. Infelizmente, deixei para depois o que poderia ter feito encarnado.*

— Deveria ter dado mais valor às coisas que me acompanharam no retorno ao Além.

— Tinha conflitos, achava que para ser bom teria de me privar de coisas prazerosas. Preferi ser materialista e desfrutar o máximo do conforto e prazer. Mas eu não acabei com a morte da minha vestimenta física, a vida continua. Arrependo-me de não ter feito o bem. Com certeza, ao fazê-lo, não me privaria das coisas de que gostava. Porque entendi, tarde demais, que a felicidade real é dar e o prazer está em servir.

— De jeito nenhum me envolveria novamente com a bebida alcoólica. Bêbado, provoquei uma pessoa que matou meu corpo físico.

— Não desprezaria as pessoas que me amaram. Troquei valores. Primeiro, meu egoísmo, tudo de bom era somente para mim. Não voltarei a fazer isso.

— Fui muito submissa a um marido tirano, deixei de fazer muitas coisas que queria para fazer as que ele queria. Não serei mais assim.

— De jeito nenhum agiria com maledicências. Como me arrependo por ter sido faladeira, fofoqueira!

— Não quero mais ser invejosa. Penso que fiquei doente por criar em mim esta energia nociva. Invejava tudo que achava ser bom dos outros e desejava que eles não tivessem nada. Fui sempre insatisfeita.

— Não fui boa filha. Arrependo-me muito por ter maltratado meus pais, principalmente minha mãe. Não quero agir assim novamente.

— Senti e ainda sinto por não ter atendido minha esposa todas as vezes que ela me convidou para orar e estudar o Evangelho. Não recusaria mais este convite de jeito nenhum.

Gostaria de ter dado valor às coisas que pude trazer comigo para o Além, ou nas atitudes que vieram comigo.

— Se tudo fosse um sonho e acordassem encarnados em suas casas, como agiriam?

Foram poucos os que não queriam voltar por já estarem adaptados e gostarem da vida no Plano Espiritual. No momento, somente três ainda sentiam falta de bens materiais. A maioria do grupo sofreu ao desencarnar pela falta do que erradamente julgavam ter possuído, e o sofrimento os fez entender que eram somente administradores, que cuidaram de objetos emprestados, que esses passariam para outras pessoas. Somente dois conseguiram se desapegar dos entes queridos. As respostas dos outros foram, na maioria: se voltassem tentariam melhorar, ser mais tolerantes, pacientes, prestar mais atenção nas pessoas, ser mais religiosos, e todos afirmaram que se preparariam para a mudança de planos, tentariam saber sobre o retorno à pátria espiritual.

— *Se eu acordasse agora* — opinou uma mulher —, *depois de anos ausente, com certeza me sentiria muito infeliz, porque meu esposo, o homem que amei muito, está casado com outra e feliz. O que aconteceria? Ficaria comigo ou com ela? Meu filho se formou, casou e eu não vi. Agora, se voltasse o tempo, aí sim, gostaria de estar presente.*

— *Penso igual à pessoa que deu essa última opinião. Se voltasse agora, teria dificuldades com meus filhos. Quando voltei ao Plano Espiritual deixei meu filho adolescente e duas meninas. Meu esposo se juntou com uma mulher nada correta, meus filhos ficaram sem referência, tias e avós tentam orientá-los, mas não estão conseguindo. O pai não lhes deu ou dá atenção. Isso me entristece muito. Se voltasse, seria para orientá-los, não iria querer mais o meu ex-marido. Se voltasse ao passado, somente se fosse sadia, estive muito doente, lutei para continuar encarnada e sofri muito.*

— Gostaria de voltar como se tivesse dormido à noite, acordasse e o tempo não tivesse passado. Iria querer ser mais esperto para organizar tudo e flagrar a esposa que me traía. Ela tirou a herança de nossos filhos para dar ao amante com quem se casou seis meses depois. Eu me esforcei muito aqui para não guardar mágoas. Pensando bem, não quero voltar.

— Quais as lembranças boas que trouxeram do Plano Físico? — perguntei.

O grupo todo trouxe boas recordações. Isso acontece com todos os que vêm para o Plano Espiritual. Os desencarnados que sofrem têm suas lembranças agradáveis, os moradores do umbral, que acumularam atos errados, as têm também. Até aqueles que afirmam não tê-las, depois de uma conversa, de repente começam a falar de acontecimentos bons que tiveram encarnados. A maioria, quase unânime, são das pessoas de quem gostaram e das que as amaram. Junto destas, vêm outras lembranças de passeios, encontro em festas ou épocas festivas que costumam reunir familiares. Alguns tinham como recordações agradáveis as viagens que fizeram. Porém, as que realmente realçaram foram as que, de certa forma, as ajudaram na grande viagem após terem o corpo carnal morto: caridades feitas, orações, leituras edificantes, estudo do Evangelho, amizades sinceras. As respostas foram parecidas, eis algumas mais emocionantes:

— Recordo com carinho de meus filhos, das gravidezes, dos nascimentos, de seus rostinhos, de seus afetos. Ser mãe, para mim, foi realmente prazeroso, uma felicidade.

— Fui voluntária num hospital. Tentava e, com certeza, auxiliei muito os enfermos. Resolvia seus problemas com documentos, remédios, familiares, etc. Recebia os "obrigados" e "Deus lhe pague" sem dar muita importância. Gostava do que fazia. Ao desencarnar, vinham em minha mente seus rostos

me agradecendo. Senti-me leve e fui trazido para esta colônia. Quando me sentia triste, os agradecimentos deles vinham à mente e a tristeza sumia. Isso me ajudou tanto que afirmo: é a melhor recordação que trouxe comigo para a grande mudança que fiz.

— Ajudei muito um sanatório e, em todos os Dias das Mães, a direção do hospital me mandava flores. E num ano, com elas, recebi um cartão escrito por alguns internos, no qual se dizia que eu era a mãezinha deles. Isso me comoveu. Tive, tenho, graças a Deus, muitas boas lembranças, mas guardo dentro de mim os dizeres desse bilhete. É tão fácil ser mãezinha ou paizinho do nosso próximo!

— Quais os planos para o futuro? — fiz a última pergunta.

Os vinte e um tinham planos. Para nós, fazer planos para o futuro ainda é importante. Nós, que ainda temos arestas a cortar e tirar dos nossos olhos as travas. Nós, que temos muito para aprender e caminhar para o progresso. Porém, devemos compreender que o mais importante é o presente. Devemos fazer agora, no momento, estejamos no Além ou no Aquém, nossas mudanças, realizar no trabalho, ser útil, dar passos na caminhada rumo ao progresso. O perigo de planos é adiá-los sempre para o futuro e não deixá-los no presente. Todos os meus entrevistados pretendiam melhorar, estudar, trabalhar, conhecer o Plano Espiritual e reencarnar. As respostas mais repetidas foram:

— Voltar perto da família ao reencarnar. Ser filho de filho ou de neto. Para estar, mesmo em outro corpo, com os familiares.

— Trabalhar e residir em colônias lindas onde o sofrimento não está presente.

— Querer reencarnar como negro, para aprender a não ser racista.

— Ser médium em potencial para ajudar outras pessoas.

— Estudar para ter conhecimentos.

— *Ser um ser humano melhor.*
— *Não ser muito preocupado ou nervoso.*
Pediram para que eu opinasse no final das respostas:
— *Penso que quase todas estas respostas poderiam ser realizadas no presente. As que realmente devem esperar são as referentes à reencarnação, porém, podem se preparar agora para esse retorno. A oportunidade de melhorar é sempre no presente. Façam planos, mas não os adiem. Comecem, nesse momento, a realizá-los. Agradeço-lhes por terem atendido meu convite. Que Deus nos abençoe! Muita paz!*

Após os cumprimentos, despedimo-nos e o grupo se desfez. Voltamos aos nossos afazeres.

CAPÍTULO 15

AQUELES QUE DEVEMOS SEGUIR COMO EXEMPLOS

Encontrei muitos espíritos que aprenderam a amar, a serem bons. São realmente muitos, este fato equilibra nosso planeta Terra. Escolhi para entrevistar dois que agiram de modo diferente. Um enxugou lágrimas, o outro ensinou como chorar ou como agir para não tomar atitudes cuja reação seja de dores. E como seus exemplos nos são valiosos!

Meu encontro com Maria Abadia foi muitíssimo agradável. Ela me recebeu no seu espaço particular em uma das casas residenciais de uma grande colônia. Local bonito, com vários vasos floridos, contendo uma escrivaninha e dois sofás pequenos. Minha entrevistada transmite muita paz, está harmonizada, é tranquila, risonha, ficar perto dela é sentir-se flutuar em energias benéficas. Estando à vontade, sentado a seu lado, fiz a primeira pergunta:

— Maba — é assim que amigos a chamam —, *quando começou a ser uma serva útil?*

— *Ainda não me acho uma serva útil, creio que faço somente minha obrigação. Mas tudo tem realmente um começo. Há três encarnações, senti necessidade de melhorar, ser menos egoísta e mais altruísta. Nesta minha vivência, minha mãe, espírito bondoso, fazia muitas caridades e eu a acompanhava, ela não somente dava esmolas, mas escutava problemas, dava conselhos e consolava. Ainda bem que comecei! Tantas vezes adiei este começo! Na reencarnação seguinte, continuei a fazer pequenas tarefas de auxílio. Voltando ao Plano Espiritual, trabalhava bastante ajudando os necessitados. Mas ser útil na erraticidade é bem mais fácil. Podemos aprender a viver desencarnados para não precisar dormir, comer e não cansar. Não temos as preocupações do trabalho para a manutenção do corpo e podemos dispor de muito tempo. Porém, é encarnado que provamos, no meio das tribulações do dia a dia, que podemos nos dedicar a tarefa útil. Assim, eu me preparei antes de retornar nesta minha última reencarnação. Voltei ao Plano Físico esperançosa, queria me dedicar para amenizar sofrimentos.*

— *Por favor, Maba, conte-me um pouquinho como foi sua vida encarnada* — pedi.

— *Nasci numa família comum, isto é, onde ninguém se destacava na vivência do bem, mas não havia maldosos. Meu pai, assim que fiquei mocinha, fez planos de me casar. Repeli esta ideia e então encontrei uma solução. Tornei-me religiosa.*

— Deu certo? — perguntei curioso.

— *Sim, porque escolhi me dedicar aos pobres, aos enfermos. Tornei-me uma enfermeira. Porém, foi difícil para mim, como é para qualquer ser humano, ver, diariamente, muitos sofrimentos, diferenças sociais e deficiências e não questionar "por que*

Deus quer ou quis?". Um dia, conversando com um enfermo, ele me deu de presente um livro e me falou sobre a reencarnação. A obra oferecida foi: O livro dos espíritos, de Allan Kardec. Li e esta obra respondeu minhas indagações, me tranquilizou e compreendi Deus. Não mudei de religião, escondi esse livro, não disse a ninguém que o lera. Seria muito difícil continuar a fazer o que fazia afastada de minha ordem religiosa. De modo velado, consolava os enfermos. Sentia no íntimo, isto é, meu espírito sabia, ser verdadeira a Lei da Reencarnação. Depois dessa leitura não duvidei mais do amor de Deus por todos nós.

— *Quantos anos trabalhou encarnada como enfermeira?*
— *Sessenta e dois anos* — respondeu Maria Abadia.
— *Qual é a melhor lembrança que você trouxe para o Plano Espiritual de sua vida encarnada?*

Ao fazer esta indagação, esperava antevendo a resposta. Para mim, ela responderia que fora os "obrigados" recebidos, os "Deus lhe pague", as lágrimas que enxugou, os sorrisos que recebeu. Mas Maria Abadia tem sempre algo a ensinar. Respondeu-me tranquila:

— *Uma vez, tinha quase nove anos, fui passear com minha família. Foram meus pais, irmãos, tios e primos numa excursão num local muito bonito, numa praia de difícil acesso. Achando o lugar lindo, me distraí pegando pedrinhas e me perdi. O grupo conversando animado seguiu e eu fiquei.*

— *"Menina — escutei —, o que faz aqui sozinha?"*

Assustei-me e foi então que percebi que meus familiares não estavam ali. Senti medo e o senhor que me chamou sorriu. Era um homem vestido pobremente, com barba por fazer.

— *"Não se assuste! — pediu ele. — Você está com alguém?"*
— *"Com minha família. Eles estavam aqui."*
— *"Seus familiares devem ter ido para outro local e, quando perceberem que você não está com eles, voltarão. Sente-se aqui, ficarei com você."*

Não tive mais vontade de pegar as pedrinhas, joguei-as no chão, senti vontade de chorar. O homem ficou sem saber o que fazer, para onde me levar, pensando que voltariam para me buscar, ficou comigo, me contou histórias. Duas horas se passaram, comecei a chorar e ele, então, pegou em minha mão e resolveu me levar até a estrada. Nisso, alguns dos meus familiares chegaram e um dos meus primos, sem ao menos saber o que ocorria, atacou o homem, esmurrando-o e os outros também vieram para bater nele; aí eu gritei:

— *"Parem! Ele estava me ajudando!"*

Não entendi o porquê da violência. Com meus gritos, todos ficaram quietos e eu expliquei:

— *"Percebi que estava sozinha, este senhor me fez companhia, ia me levar à estrada para encontrá-los."*

Perguntas foram feitas a mim para saber se ele não me fez nenhum mal. Meu primo, o agressor, se desculpou e o que escutei daquele senhor me serviu de lema, foi um ensinamento que tentei seguir por toda minha vida encarnada. O homem respondeu:

— *"Desculpo-o! Porém, se o senhor tivesse usado de bom-senso e indagado primeiro, procurado saber o que aconteceu, não necessitaria agora pedir desculpas."*

Resolvi viver de tal modo para não precisar me desculpar com ninguém. Por ter sido para mim muito importante este exemplo é a melhor lembrança que guardo da vida encarnada.

— Trouxe lembranças desagradáveis para a espiritualidade? — quis saber.

— Tive momentos desagradáveis no meu estágio físico. Senti-os, mas não os deixei me marcarem, nem guardei mágoas. Um deles foi: uma vez a polícia trouxe para o hospital um prisioneiro que cometeu muitas ações maldosas e, ao ser preso, fora machucado. Fui lhe fazer curativos, ele estava algemado por um dos pés à cama. Comecei a cuidar de suas feridas, *quando ele me agarrou tentando me estuprar. Fiquei tão apavorada que nem consegui gritar. Ele tentava tirar minha roupa, quando um enfermeiro entrou e foi me socorrer. O enfermeiro me empurrou, mas o homem o pegou pelo pescoço para estrangulá-lo. Aí gritei. Vieram enfermeiros, médicos e alguns doentes. Ainda bem que ele não matou o enfermeiro, que nos contou, depois, que ia para outro local, quando escutou, não soube explicar como ou de quem ouviu, que deveria ir ao quarto do preso. Somente quando desencarnada compreendi que o enfermeiro escutou os trabalhadores desencarnados que auxiliavam ali. E ainda bem que os atendeu. Recebi ordens para não cuidar mais daquele homem e ele, algemado pelos dois punhos na cama, não conseguia mais se mexer. O diretor do hospital quis que ele voltasse o mais rápido possível para a prisão e proibiu que lhe dessem sedativos. O prisioneiro perdeu, como nós perdemos, pelos nossos atos impensados ou imprudentes, oportunidades de estar melhor. Também uma vez fui caluniada. Entristeci-me mas, depois de muito orar, senti paz e concluí que era melhor receber a calúnia do que fazer uma. Triste seria se fosse verdade o que falavam. Realmente, a calúnia faz mal àquele que a comete. Fiquei aborrecida, mas isso não me marcou internamente. Aprendi com este fato que é melhor receber uma maldade do que fazê-la.*

— *Você orou muito quando encarnada?*

— *Orei, mas não como recomendado* — respondeu Maria Abadia. — *Antes do meu descanso físico, deveria rezar um tempo determinado, mas estava sempre cansada e fiz um acordo com Deus. "Senhor, oro a primeira e a última palavra, por favor, finge que escutou toda a oração." A primeira e a última era: "Meu Deus!" Realmente fazer a vontade de Deus foi minha oração.*

— *Se acordasse encarnada, agiria de forma diferente?* — perguntei.

Maria Abadia pensou por um instante e respondeu:

– *Não!*
– *Tem planos para o futuro?*
– *Para mim, o presente que é importante!* – exclamou.
– *Se reencarnar, o que irá querer fazer?*
– *Gostaria de melhorar, ser uma pessoa melhor.*
– *Iria querer viver do mesmo modo?*
– *Não sei* – respondeu Maria Abadia. – *Se me fosse pedido para voltar ao Plano Físico para fazer algo diferente, tentaria atender e executar do melhor modo que conseguisse.*
– *Sentirá algum medo de falhar encarnada?*

Maria Abadia sorriu e respondeu:

– *Meu amigo, quando caminhamos conscientes do bem realizado em nossa existência, nunca devemos voltar atrás. O aprendizado adquirido pelo esforço, estudo e trabalho é patrimônio nosso que não nos será tirado. Venci o egoísmo e orgulho. Se reencarnar, com certeza, não darei passos para trás, creio que continuarei a caminhar rumo ao progresso.*

– *Obrigado pela lição* – agradeci emocionado.

E fiquei mais comovido ainda quando recebi seu abraço carinhoso, e nos despedimos.

Realmente, não voltamos atrás quando provamos que aprendemos as lições e estamos felizes com a forma de vida que temos, a que escolhemos.

Maria Abadia é feliz, um ser realizado porque dedicou muitos anos de sua vida encarnada a enxugar lágrimas, a consolar, deu de si, sua energia, seu tempo e, o mais importante, seu amor que repartido foi mais aumentado.

Meu último entrevistado também se dedicou ao próximo, porém o fez de maneira diferente de Maria Abadia; tentou educar, instruir, fazer com que as pessoas compreendessem Deus, agissem corretamente, não por obrigação, mas por compreensão. Caminhou, deu largos passos, puxou e empurrou muitos. Continua a ensinar na espiritualidade. Encontrei com ele numa colônia de estudo onde dá aulas. Quando transmitimos nossos conhecimentos, ele se solidifica em nós.

Humberto me recebeu como sempre que nos encontramos, com muito carinho. Depois de algumas indagações particulares, comecei minha entrevista.

– *Quando foi que começou sua tarefa de instruir?*

– *Seguindo exemplos. Como fui instruído, pensei que deveria instruir. E comecei duas encarnações atrás. No Plano Espiritual, fiz planos de reencarnar para aprender a ensinar. No começo é difícil, os contratempos nos parecem grandes demais, as ingratidões nos machucam porque somos ainda orgulhosos. Começar, seja o que for, sempre nos é dificultoso, não saber direito como fazer nos dá insegurança. Mas, se formos persistentes, passamos desta fase e, então, é mais fácil vencer as dificuldades e adversidades. Ao planejar reencarnar neste meu último estágio no Plano Físico, quis ser mais do que um professor, desejei colocar setas no caminho para aqueles que queriam caminhar para o progresso espiritual, mas se achavam perdidos, com dúvidas, sem saber que rumo seguir. Quis mesmo que o sofrimento diminuísse, que as pessoas fossem mais felizes, não com atos externos, mas satisfeitas consigo mesmas, tendo paz interior. Reencarnei e, desde pequeno, interessei-me pela religião, sentia prazer em orar e estudar sua história. Fui ser religioso.*

Humberto fez uma pausa. Curioso, quis saber mais e pedi:

– Por favor, Humberto, conte-me o que aconteceu.

– *Quis ter respostas sobre diversos assuntos. Recusava-me a crer sem entender. Sofri muito. Meu espírito cobrava o cumprimento de meus planos feitos antes de reencarnar e eu, sentindo os obstáculos, fizera votos de obediência, de seguir normas e dogmas. Minha dor moral era tanta que o físico se ressentia. Foi aí que li um artigo, no qual Mahatma Gandhi, realmente uma grande alma, o indiano que fez a independência de seu país sem violência, afirmava: "Se perdessem todos os livros sacros da humanidade, e só se salvasse O Sermão da Montanha, nada estaria perdido." Se um homem pagão, que tinha outra religião, não era cristão, falava isto, eu deveria ler, estudar com atenção esta parte do Evangelho de Mateus.[1] Foi o que fiz e tirei minhas próprias conclusões. Entendi que, infelizmente, pelos dogmas, mudaram muito os ensinamentos do Mestre Nazareno. Tive coragem e mudei minhas atitudes. Senti-me feliz comigo. A compreensão destes ensinamentos foi a chave que abriu a porta de minha prisão para a liberdade espiritual. Incomodei muitas pessoas com minha maneira de pensar, agir e falar. Fui expulso da religião que seguia e aí me tornei profundamente religioso. Encontrei meu caminho e, como planejei, coloquei setas para que muitas outras pessoas pudessem vê-las, compreendê-las e seguir em frente. Bem antes de Gandhi ter dito isso sobre esse precioso ensinamento de Jesus, no século 19, um estudioso francês, Allan Kardec, escreveu livros com auxílio de espíritos desencarnados. A obra O Evangelho segundo o Espiritismo contém muitos textos tirados deste sermão. E Kardec recomendou que se orasse o Pai-Nosso e deu explicações a todas as frases desta maravilhosa prece. Com certeza, também Kardec pensava como Gandhi e como outros grandes pensadores que reencarnaram na Terra.*

— *Diga-me, meu amigo* — pedi —, *qual a parte do texto de Mateus que narra o que Jesus nos ensinou no monte, a que mais o ajudou ou chamou sua atenção?*

— *Todo o texto é maravilhoso!* — afirmou Humberto. — *Sempre gostei da oração do Pai-Nosso, e ela faz parte do Sermão da Montanha. Para mim, é uma prece completa e como me fez bem quando passei a recitá-la com compreensão! Mas tive, sim, na época, um texto que me ajudou a me encontrar comigo*

---

[1] N.A.E. Mateus 5-7, Sermão da Montanha — Bem-aventuranças.

mesmo, é: "Bem-aventurados os pacíficos." Sejam os pacificadores. Aqueles que fazem a paz ou o fazedor de paz. Quis possuir essa força criadora, estabelecer dentro de mim a paz e em todos os momentos, até nos adversos. De tanto afirmar e desejar, acabei conseguindo e quis exemplificar, mostrar a outras pessoas como consegui e passei a ensinar.

— Você é um estudioso do Evangelho e demonstra isso! — exclamei comovido.

— É verdade, estudei muito os Evangelhos e tirei minhas próprias conclusões dos ensinamentos de Jesus.

— Por favor — pedi —, fale um pouquinho da bem-aventurança dos pacificadores.

— Guiei-me pela conclusão de que ninguém pode ser verdadeiro pacificador de outras pessoas se não for de si mesmo. Porque todos os conflitos externos são produzidos pelos internos. Se alguém quer viver sem conflito, deve abolir os seus.

— Como se consegue a paz? — quis saber.

— A verdadeira paz não faz moradia no egoísta. É uma dádiva, graça de Deus que é dada a todo homem que se torna receptivo para receber este tesouro.

— Não é difícil ser receptivo? — perguntei.

— Quando damos mais importância à nossa parte espiritual, menos é o desejo de ter. Acredito que a falta de paz nasce no desejo de ter e cada vez mais. Se reduzirmos ao mínimo o desejo de ter, não teremos motivo para perder a paz. Ser receptivo e nos esvaziarmos de tudo que não nos serve espiritualmente, e querer receber o que é verdadeiro, é aquilo que nos acompanha ao regresso à Pátria Verdadeira.

— Humberto, o que você poderia dizer para mim, neste momento, do Sermão da Montanha?

— "Vós sois o sal da Terra..." O sal tem diversas serventias na vida no Plano Físico. Serve para conservar alimentos, evitar que estraguem e para dar sabor a vários outros. O *excesso estraga e a falta não dá sabor. Assim deve ser a espiritualidade para nós, evitar que nos perca, ou estrague. Ter o bom-senso de não usar muito o sal a ponto de nos tornar antipáticos, intragáveis ou, se não usá-lo, nos tornarmos sem sabor, sonsos. Devemos ter cuidado como recomenda Jesus de não servir para nada, ser lançado fora e pisado pela gente, por outras pessoas. O Mestre Nazareno comparou simbolicamente o sal material ao espiritual. Recomendou-nos que deveríamos ser o sal incorrupto no meio da corrupção. Saborear as coisas da espiritualidade de modo agradável e tentar ajudar o próximo a fazê-lo.* – Fez uma ligeira pausa e concluiu: – *E este maravilhoso ensino de Jesus termina com uma recomendação: "Quem realiza estas minhas palavras é um sábio".*

– *Sentiu mágoas quando encarnado?* – perguntei.

– *Recebi ingratidões até perceber que ainda era orgulhoso. Domei meu orgulho e não as senti mais. Precisam, os encarnados, ter coragem para não serem como a maioria, e aquele que se sobressai não é aceito facilmente. Não alimentei mágoas e elas, por falta de alimento, não duraram muito, o máximo foi dois dias.*

– *Boas lembranças da vida encarnada?*

– *Muitas!* – respondeu Humberto sorrindo. – *Consolidei amizades, realizei mais do que planejei, foi uma existência agradável. Tenho realmente somente boas recordações do meu último estágio no físico.*

– *Como pôde ser tão feliz assim encarnado?* – quis saber.

– *Fazer o bem nos dá felicidade, e a felicidade interna normalmente transborda em benevolência externa e se sente alegria em servir. É um agradável círculo!*

– *Professor Humberto!*

Alguém bateu na porta. Abri-a e um rosto jovem sorridente apareceu no vão da porta e avisou:

– *Está sendo aguardado na sala três!*

Sorrimos. Humberto levantou-se e saiu.

Emocionado, ainda fiquei por segundos sorrindo. Se não me despedi do Professor Humberto, despeço-me de vocês, leitores amigos, com um abraço afetuoso.

Ao terminar a leitura deste livro, talvez você tenha ficado com algumas dúvidas e perguntas a fazer, o que é um bom sinal. Sinal de que está em busca de explicações para a vida. Todas as respostas de que você precisa estão nas Obras Básicas de Allan Kardec.

Se você gostou deste livro, o que acha de fazer que outras pessoas venham a conhecê-lo também? Poderia comentá-lo com aquelas do seu relacionamento, dar de presente a alguém que talvez esteja precisando ou até mesmo emprestar àquele que não tem condições de comprá-lo. O importante é a divulgação da boa leitura, principalmente a da literatura espírita. Entre nessa corrente!